中华先贤人物故事汇

# 赵孟頫

雒三桂
著

中华书局

图书在版编目(CIP)数据

赵孟頫/雒三桂著. —北京:中华书局,2023.6(2024.7 重印)
(中华先贤人物故事汇)
ISBN 978-7-101-15836-6

Ⅰ.赵… Ⅱ.雒… Ⅲ.赵孟頫(1254~1322)-生平事迹
Ⅳ.K825.72

中国版本图书馆 CIP 数据核字(2022)第 157098 号

| | | |
|---|---|---|
| 书　　名 | 赵孟頫 | |
| 著　　者 | 雒三桂 | |
| 丛 书 名 | 中华先贤人物故事汇 | |
| 策划编辑 | 陈　虎 | |
| 责任编辑 | 董邦冠 | |
| 美术总监 | 张　旺 | |
| 封面绘画 | 纪保超 | |
| 内文插图 | 顾梦迪 | |
| 责任印制 | 管　斌 | |
| 出版发行 | 中华书局 | |

(北京市丰台区太平桥西里 38 号　100073)
http://www.zhbc.com.cn
E-mail:zhbc@zhbc.com.cn

| | |
|---|---|
| 印　　刷 | 三河市宏达印刷有限公司 |
| 版　　次 | 2023 年 6 月第 1 版 |
| | 2024 年 7 月第 2 次印刷 |
| 规　　格 | 开本/787×1092 毫米　1/32 |
| | 印张 4¾　插页 2　字数 50 千字 |
| 印　　数 | 3001-5000 册 |
| 国际书号 | ISBN 978-7-101-15836-6 |
| 定　　价 | 20.00 元 |

# 出版说明

孔子周游列国，创立儒家学说；张骞出使西域，开辟丝绸之路；书圣王羲之，留下了曲水流觞的佳话；诗仙李白，写下了"举头望明月，低头思故乡"的名篇；王安石为纠正时弊，推行变法；李时珍广集博采，躬亲实践，编撰医药学名著《本草纲目》……

这些杰出的历史人物，有的是在中华民族文明进程中做出过突出贡献、对后世产生过巨大影响的思想家、政治家，有的是对中华优秀传统文化的传承传播发挥过重大作用的文学家、艺术家、科学家，有的是为国家安定统一、民族融合团结和中外文化交流做出过杰出贡献的军事家、外交家……他们为中华民族的繁荣发展做出了伟大的贡献，他们的行为事迹、风范品格为当世楷模，并垂范后世。

他们是中华民族的先贤人物。他们的思想、品德、事迹，是中华优秀传统文化的结晶；他们的故事，是对中华民族的禀赋、特点和气质最生动、最鲜活的阐释；他们的名字，在五千年中华文明史上最为光彩夺目；他们为五千年中华文明史书写了最为光辉灿烂的篇章。

为了解先贤，走近先贤，我们精心组织编写了这套《中华先贤人物故事汇》丛书，以翔实可靠的史料为依据，细腻动人的故事为载体，真实地呈现中华先贤人物的事迹、品格和精神风貌，彰显他们的贡献和功绩，激发人们对国家民族的热爱，对中华文明、中华优秀传统文化的崇敬。

开卷有益，期待这套丛书成为你的良师益友。

# 目 录

# 导　读

　　赵孟頫（1254—1322）是我国元代杰出的画家、书法家和诗人，是中国美术史上一位成就卓著、影响深远的人物。

　　赵孟頫的青少年时代，正值南宋王朝逐步衰败、蒙古族入主中原的历史转换时期。王朝更迭与历史嬗变，使皇族出身的赵孟頫徘徊彷徨，在暂时看不到前途的形势下刻苦读书、努力研习书画，积累了丰厚的文化与艺术基础。在风景如画的江南，年轻的赵孟頫度过了一段自由轻松的时光，与朋友诗酒流连，写字作画，品鉴古玩，沉浸于美好的艺术世界而不能自拔，直到三十三岁正式出仕。

　　赵孟頫出仕元朝并非完全自愿。南宋灭亡

后，虽然赵宋皇室子孙没有遭到残酷的政治迫害，但蒙古贵族统治下的元朝，政治权力掌握在蒙古人与色目人手中，汉族士人受到了一定的压制，社会地位低下。除了极少数精英，大多数汉族士人不得不隐遁山野，郁闷终生。与他们相比，赵孟頫是幸运的。他是赵宋皇室子孙，才华横溢，年纪轻轻就获得了极高的社会声誉，被视为江南汉族士人的代表人物。当元朝意图稳定江南，稳固统治的时候，像赵孟頫这样的人就成了主要的拉拢对象。

因此，赵孟頫出仕元朝，是多重因素综合作用的结果，既有现实的政治压力，也有不甘心终老林泉而欲兼济天下的渴望。同时，赵孟頫还要顶着江南士人对其身事异族、背弃祖宗的厌弃与批评，其内心的矛盾和痛苦可想而知。

蒙古贵族统治下的元朝，是中国历史上政治和社会治理最为混乱的朝代。元世祖忽必烈和后来的元武宗、元仁宗等对赵孟頫及其他江南士人的重视，并非出于对其才华的真正欣赏，而是让他们点缀朝廷，平息江南汉族的反抗与挣扎。因此，从一开始，他们就被安排在清闲的位置上，无法影响朝局。进入朝廷任职后，赵孟頫受到蒙古贵族与其他势力的各种猜忌与排斥，其政治抱负无法实现，只能徘徊挣扎于大都和江南之间，一边应对着朝堂的倾轧，一边向往着山林的自由。在这种矛盾痛苦之中，赵孟頫度过了自己的后半生。

虽然出仕的痛苦与失意使赵孟頫备受折磨，但也给了他研习书画的宝贵机会。大一统之后的大都，也成了中国规模最大的书画集散地，使赵孟頫有机会见到更多经典的历代书画作品。因此，赵孟頫将大部分时间用在写经、书碑和鉴赏书画上，交游日广，见解愈深。最终，赵孟頫将其过人的天赋、勤奋与深厚的文化修养融为一体，博采众长，熔铸古今，成为开一代新风的艺术大师，其影响至今不衰。

在艺术上，赵孟頫是晋唐艺术的坚定继承者与倡导者。特殊的社会地位与出众的个人才华，使他成了元代书画领域的旗帜，领风气之先的开拓者。在书法上，赵孟頫直入晋唐，努力追摹王羲之、王献之以及李邕诸家，篆、隶、楷、行、草书皆笔法精妙，风神秀逸。尤其是行书和楷书，挥毫落墨，灵动潇洒，动辄万言，首尾连贯，翩若惊鸿，矫若游龙，如天女散花，无所不适，一改宋代以来长书札而短碑版、长行草而短隶楷的局面，形成独特的"松雪体"，左右了元代百年书风，其影响一直延续到今天。在元代，赵孟頫的书法不仅举国喜爱，连日本、印度僧人也竞相访求，视若珍宝。书坊刻工，更以"松雪体"雕版付梓，使赵体书法流布天下，成一代伟观。

在绘画上，赵孟頫更是才华横溢，人物鸟兽、山水楼阁、花卉竹石等无所不能，无所不精。他深刻领悟了中国传统绘画的精神内涵，提出作画贵有"古意"，以书法入画，以"云山为师"，遍临晋、唐、宋名家名迹，一扫南宋画院沉闷、刻板的风气，融百家为一体，笔墨鲜活生动，气韵清雅高贵，成为中国绘画的杰出典范，奠定了元代文人绘画的基础，并影响明、清两代，将中国传统绘画带入一个全新的境界。

赵孟頫多才多艺，除了精通书画外，他还好音乐，通经学，精篆刻，诗文歌赋也远过常人，是数百年一见的艺术通才。

# 贵胄少年

南宋理宗赵昀宝祐二年（1254）九月初十这天，宋理宗的远房堂弟、平江知府赵与訔还在公府办事，家里的一个仆人匆匆跑了进来，兴奋地说："老爷，夫人生了，生了！"

"是男孩还是女孩？"赵与訔急切地问道。

"是个男孩。"仆人笑眯眯地说。

"噢！"赵与訔脸上闪过一丝微笑，"多了个儿子，也是好事。"

赵与訔的官职虽然不算太高，但毕竟是皇室宗亲，有几房妻妾并不奇怪。这些妻妾一共给他生了八个儿子，十四个女儿。丘夫人刚生的这个男孩，是他第七个儿子。把仆人打发回去后，赵与訔匆忙处理了一下手头的事情，赶回家去，看见接生婆怀里正抱着一个婴儿，脐带刚刚剪断不久。孩子的脸蛋儿胖乎乎的，肤色偏白，眉清目秀，十分惹人喜爱。

丘夫人见丈夫进来，疲惫的脸上露出一丝笑容，看着接生婆怀中的孩子，对丈夫说："快看看吧，挺乖的。"

赵与訔说："是啊，挺乖的。"说着，从接生婆手中接过孩子，说："给他起个什么名字呢？"

丘夫人说："这孩子看上去挺清秀的，你给他起个好名字吧，将来这孩子肯定是个好材料。"

赵与訔想了想，说："那就叫孟頫吧，頫是低头而听的意思。这孩子生逢乱世，世道坎坷，长大了能够小心谨慎，俯首而听，不争强，不好胜，也就能平安了。"赵与訔说着，想到国家现在的情形，心头不禁一阵难过。

父亲内心的痛苦，刚出生的赵孟頫当然不知道。但等他稍微长大一些，就知道父亲为什么给自己起这个名字了。赵孟頫出生的时候，延续了近三百年的赵宋王朝已经风雨飘摇，岌岌可危。宋朝和占领了中国北部的蒙古政权之间的战争已经持续了二十年，长江以北和四川地区的大片土地落入蒙古人之手。虽然宋军在各地顽强抵抗，却依然无法挡住蒙古军南进的步伐，国家的陷落只是时间问题。赵与訔是太祖皇帝赵匡胤的十世孙，赵孟頫是太祖皇帝的十一世孙，赵孟頫长大成人之后，刻了两方表明自己特殊身份的印章"天水赵氏"和"天水郡图书印"。"天水"是赵匡胤家族先祖的堂号。赵氏的先祖、汉代名将赵充国来自天水，子孙遂以"天水"为郡望和堂号，赵匡胤正是天水赵氏后代，国家的命运和家庭的命运是紧密联系在一起的。

尽管国家形势日渐危急，但暂时还影响不到小孟頫。在他五岁的时候，父亲赵与訔转为秘阁修撰、江西转运副使兼隆兴府知府。就在这一年，远征西亚的蒙古大军在旭烈兀的统帅下攻入阿拉伯帝国首都巴格达，并洗劫了伊朗高原、小亚细亚、美索不达米亚和叙利亚，蒙古人的势力空前强大。这一年，四川大部分地区已经陷落，蒙古大汗蒙哥亲率大军猛攻位于嘉陵江边的合州钓鱼城（今重庆合川东），宋军凭借钓鱼城的险要地形顽强抵抗。到第二年，宋军不但屡次击退蒙古军的强攻，还击伤了蒙哥汗。不久，蒙哥汗死在军中，蒙古军被迫北返，暂时停止了进攻。蒙哥死后，他的两个亲弟弟忽必烈和阿里不哥各不相让，为争夺蒙古大汗之位打起了内战，这一打就持续了十年之久，重压下的南宋朝廷也大大舒了一口气。

在这十年中，赵与訔的官职一直上升。他深得理宗信任，负责过两浙转运、江淮茶盐，后又负责浙西刑狱。赵孟𫖯在随着父亲来回搬家的过程中，渐渐长大了。

到了赵孟𫖯十一岁那年，一切都变了。

景定五年（1264）十月，在位四十多年的宋理宗去世，儿子宋度宗赵禥继位。宋度宗也非常信任赵与訔，任命他为户部侍郎兼浙西安抚使。这一年，忽必烈击败了阿里不哥，把蒙古帝国的都城从哈拉和林迁到了原来金朝的都城燕京，就是今天的北京。蒙古内乱停止了，南宋政权的压力就更大了。宋理宗去世后，赵与訔非常伤心，身体每况愈下。到了第二年，即宋度宗咸淳元年

（1265）三月十三日，赵与訔在都城临安去世。皇帝赐给赵与訔家不少银子和绢，还给他加赠了银青光禄大夫的名号，这算是一种哀荣。停丧期过，赵与訔被安葬在湖州乌程县澄静乡聂村的祖墓。

赵与訔去世了，丘夫人望着才十二岁的赵孟頫犯了愁。父亲在，有人为孩子遮风挡雨，父亲走了，一切全都要靠自己了。丘夫人将年幼的赵孟頫叫到跟前，语重心长地说：

"孩子，你父亲走了，你该怎么办呢？"

"母亲，我听您的。"赵孟頫说。

"自古男儿多奇志。"丘夫人说，"你父亲走了，以后的一切都要靠你自己。你要好好读书，否则难以立世。你若不能成才，娘亲我也就没有什么指望了。"说着，丘夫人的眼泪止不住淌了下来。

"母亲，您放心吧！我一定好好读书。"赵孟頫说，"我长大了，一定好好孝敬您。"

赵孟頫说到做到。从此以后，赵家多了一个刻苦读书的小小身影。白天，赵孟頫与哥哥们跟着老师一起诵读；晚上，别人都睡了，赵孟頫还在昏暗

赵孟頫在昏暗的油灯下，把白天学的诗文读了又读。

的油灯下，把白天学的诗文读了又读，直到记熟理解为止。

从六岁进入学塾读书，赵孟頫就显示出极高的艺术天赋。除了各种文学典籍，家里还有不少用于书法练习的碑帖拓本，尤其是东晋王羲之、王献之和唐代欧阳询、虞世南、褚遂良等名家的作品，都被赵孟頫学了个遍。由于个人的性情天赋，赵孟頫最喜欢王羲之父子的作品，王羲之的《十七帖》《黄庭经》《乐毅论》，王献之的小楷《洛神赋》等，赵孟頫都反复临摹，直到能够得其神韵为止。赵孟頫尤其喜欢写小楷，《黄庭经》《乐毅论》《洛神赋》等名作不知道临写了多少遍，精熟之极，每天能写一万字，而且字字工整端庄。赵孟頫非常喜欢宋高宗赵构的字，高宗虽然在政治上主张和金朝分南北而治，被后人唾骂，但他继承了父亲宋徽宗的艺术才能，努力学习晋唐名家的书法，功力非常深厚，其书法儒雅温厚，富有书卷气。赵孟頫是皇室宗亲，有太多的机会见到宫廷书画旧藏，也很容易见到宋高宗的真迹，因此开始练习书法的时候就以高宗为师一有空就认真临摹，写得越来越好。

赵孟頫年满十八岁后，作为皇室宗亲，他该出来为国家服务了，赵孟頫本人也有这样的愿望。他参加了国子监主持的考试，顺利及格。上报之后，任命很快下来了，任赵孟頫为真州司户参军，一个管理户口的小官。

真州就是现在的江苏仪征，在长江北岸，离吴兴不太远。司户参军是个小官，平时没有多少事情，赵孟頫可以整天读书写字，安心过日子。咸淳九年（1273）夏天，赵孟頫二十岁，丘夫人为他娶了个妻子，日子虽不富裕，却也其乐融融。吴兴的东北部是烟波浩渺的太湖，西南部则丘陵起伏，是一片海拔不太高的山脉，山中道路曲折，林木葱茏，有如仙境。赵家在这里有一个小院子，赵孟頫平日就与妻子住在这里，读书写字，享受世外桃源般的快乐。赵孟頫还给院子起了一个非常富有诗意的名字：印水山房。

好景不长，咸淳十年（1274），元朝大将伯颜率领蒙古大军渡过长江，攻取了鄂州（今湖北武汉），宋朝在长江上游的军事屏障没有了。攻占鄂州之后，伯颜率军沿长江东进，对宋朝形成巨大威胁。在这个关键时刻，宋度宗去世了，其只有四岁的儿子赵㬎继位，改元德祐，在历史上被称为宋恭宗。第二年三月，伯颜的大军就打到了建康（今江苏南京）城下，离南宋都城临安只有三四百里之遥。江西赣州知州文天祥见形势危急，散尽家财，招募义军，起兵北上，抵抗元军，但很快被打败。不到两个月，元军就抵达临安城下。两淮地区虽然仍有不少宋朝的精锐部队，但朝廷内部矛盾重重，这些部队没有起到多少作用。

赵孟𫖯因为局势太乱，挂念母亲丘氏的安危，就回到了吴兴。虽然陪着母亲住在山里，外边的消息却不断传来，建康丢了，常州丢了，文天祥去找伯颜谈判被扣押了。南宋朝廷此时乱作一团，不知所从。有人建议淮西军可以进京勤王，打败元军。两淮安抚制置使李庭芝准备率军抄元军后路……然而不久，消息传来，临安陷落，恭宗投降了。

赵孟𫖯听了，捶胸顿足，大哭不已！可他只是一个文弱书生，眼看国破家亡却无能为力。接踵而至的坏消息，让赵孟𫖯对人生失望到了极点。他对

丘夫人说:

"母亲,国家已经亡了,孩儿就隐居在这里,为您尽孝,终老一生吧。"

丘夫人听了,沉默不语。

是啊,国家已经灭亡了。名将张世杰虽然仍在抵抗,却力量单薄,难以为继。蒙古人的兵马如狼似虎,张世杰又能抵抗多久呢?赵孟頫才二十三岁,读了这么多年的书,满腹经纶,不出来为民尽责,混一辈子,岂不可惜?可为蒙古人做事不是对不起祖宗吗?

沉默良久,丘夫人爱怜地抚摸着孟頫的头,缓缓地说:

"你先好好读书吧。多读点书,有一身本事,总是会有用武之地的。如今天下大乱,百姓流离,生灵涂炭,我们无能为力,就好好读书,等待时机吧。孟子不是说过吗?'穷则独善其身,达则兼济天下。'你不能兼济天下,做到独善其身还是可以的。'士穷不失义,达不离道'。不失于义,可以自得;不离于道,老百姓也不会对你感到失望。大宋虽然亡国了,我们又有什么值得忧虑的呢?就担忧自己学问不足，不能为百姓谋福利就是了，其他就听天由命吧。"

赵孟頫听了，点了点头，说："我听母亲的。"

# 衣冠盛事

在中国历史上，宋朝是汉文化最为发达昌明的时期，至今人们谈起宋朝文化，依然怀念不已。而形成这种局面的重要原因之一，是宋朝开国皇帝赵匡胤为宋朝确立了偃武修文的国策，大力发展科举，普通人可以通过读书踏入仕途，而宋朝的皇帝普遍热爱文学与艺术，皇室子孙也不例外。宋徽宗是杰出的书画家，宋高宗精于书法，其他皇帝的书法也都非常精美。赵家子孙中还有不少画家，像赵令穰、赵大年、赵伯驹、赵伯骕等，为后世留下不少绘画精品。而赵孟頫是赵宋皇室最后一位杰出的书画家。

从五六岁起，赵孟頫就在父亲的督导下开始读书，打下了深厚的诗文基础。我们从赵孟頫流传至今的诗词文章中，可以看出他年轻时候的心志与情感。在《吴兴赋》中，赵孟頫深情地歌颂家乡吴兴："吴兴之为郡也，苍峰北峙，群山西迤。龙腾兽舞，云蒸霞起。造太空，自古始。双溪夹流，𬣙天目而来者三百里。""山川映发，照朗日月，清气焉钟，冲和攸集。星列乎斗野，势雄乎楚越。神禹之所底定，泰伯之所奄宅。"吴兴以东，土地肥沃，物产丰饶，一亩地可以产出一钟的稻米，一年可收两季麦子，粳稻香美，晶莹如玉，向周围郡县输送，基本没有粮食不足的凶年。遍布的湖泊水洼，多产芦苇、芡实、荷花、菱角、蒲苇等，一望无际，不可胜数。水中则有各种各样的鱼类和鳖虾，大鱼在水中游荡，喷浪生风，渔民唱着渔歌，快乐地摇着船桨，撒下渔网。吴兴以西，冈峦起伏，绵延不绝。吴兴以北，洞窟无数，瀑布飞流，悬水百仞，怪石如林，山上长满各种果树，绿竹摇曳，有似云海。平地则桑麻如云，郁郁纷纷，兔走雁飞，衣食滋殖。百姓安乐，文教大兴，家有丝竹之声，户习廉耻之道，风俗淳厚，天下莫比。

年轻的赵孟頫，希望遇到知心的好友。他在《求友赋》中这样描写自己寻求知音的渴望："思古人之不可见兮，心郁结而不舒。登高丘而远望兮，独叹慨乎增嘘。波洋洋其泛滥兮，欲济而无航。膏吾车而孤往兮，山郁乎其苍苍。"他期望"何美人之好修兮，独与余其同心。怀余以厚德兮，遗余以好音。"

赵孟頫同样喜欢音乐。在中国古代知识分子看来，音乐"与天地同和"，是"天地之和"，体现的是君子的道德，能够使人耳目聪明，血气平和，移风易俗，天下皆宁，所以君子一定要研习音乐。作为皇室子弟，赵孟頫自然不能例外。虽然他早年学习音乐的经历无法知道，但成年以后的赵孟頫还保持着对音乐的爱好与研究。赵孟頫有两篇专门讨论音乐的文章，一篇叫《乐原》，一篇叫《琴原》。《乐原》讨论音乐的发生原理，认为"乐本乎律，律始于数，正于度""音之清浊，定于管之长短"，动天地，感鬼神，移风易俗，不可有毫厘之差。《琴原》讨论琴，即中国传统七弦古琴的起源，认为琴起源于上古，为丝竹之音。又详细讨论调琴之法，认为世道衰微，琴艺流为贱工之事，文人士大夫都不重视，实在是非常错误的。

自汉代以后，《诗经》《尚书》《周易》《礼记》等儒家经典成为历代文化教育的基本内容，为士子所必读，身为皇室子孙的赵孟頫更不能例外。但当赵孟頫有能力研读的时候，宋朝已经灭亡，面向皇室子弟的宫廷教育不复存在，赵孟頫不得不求助于民间。因此，当著名学者敖继公迁居到湖州的时候，赵孟頫抓住机会，拜敖继公为师，努力学习。

敖继公，字君善，福建长乐人。精通儒家经典，尤其擅长《周礼》《仪礼》和《礼记》，还写了一本书叫《仪礼集说》。无论走到哪里，敖继公都会招收一批学生。来到湖州后，敖继公把家安置到了一个叫莲花庄的地方，安心读书，研究经学。

拜敖继公为师之后，赵孟頫的经学知识有了长足的进步，解决了许多前代礼制的疑难问题，还根据自己的读书心得撰写了一部《尚书集注》。敖继公精通音律，也正好契合赵孟頫的天性。从这个时候起，赵孟頫又跟随敖继公学起了弹琴。

从青年时代起，赵孟頫的书画技艺就达到了很高的水平，加上皇族身份，前来求字画的人越来越多。赵孟頫身边逐渐地聚集了不少当时杰出的书画名家和学问家，包括钱选、张复亨、姚式、陈康祖、邓文原等，赵孟頫经常与他们一起游山玩水，饮酒赋诗。

钱选，字舜举，号玉潭，吴兴人，宋朝景定年间中进士。宋朝灭亡后，钱选隐居乡里，不愿出仕。钱选擅长绘画，山水画师法名家赵千里，人物画师法李公麟，花鸟画师法赵昌，非常受当时人喜爱。钱选比赵孟頫大十五岁，赵孟頫经常向钱选请教。有一次，赵孟頫问钱选："什么是画中的士气？"

钱选说："所谓'士气'，就是绘画的用笔要古拙苍浑，像写隶书一样。这样画出来的画自然沉厚含蓄，耐人寻味。那些只会画画的画匠们如果能够做到这一点，其画品也会大大提高。不然，就落入歪门邪道了。"

赵孟頫听了，若有所悟，又问："要达到这种境界，除了勤练书法，还有没有别的要求呢？"

钱选说："当然有。其中的关键，就是要无求于世，没有名利之心，这样才能不被世俗名利所干扰，内心才能清净，才能画好画。"

钱选的绘画高雅古朴，极富特色，赵孟頫向钱选学到了不少绘画技法，绘画水平大大提高。钱选经常画一些表现隐居生活的作品，赵孟頫非常喜爱，经常在上边题诗。有一次，钱选画了一幅《小隐图》给赵孟頫看，近景湖边，林木掩映，有草庐数间，画中三人，二人相对弈棋，一人凭栏远眺。远处湖面广阔，远山迢迢，湖上数叶渔舟穿梭来往，一片安详静谧。赵孟頫非常喜爱，在画上题道：

有水清且泚，洄洑乱石间。乐哉三子者，在涧歌考槃。流波牵弱缕，轻飙动文竿。信无吞舟鱼，我志非鲂鳏。勿言隐尚小，神情有余闲。高士不可见，古风何时还？

一天，钱选画了一幅《着色梨花》给赵孟頫看，赵孟頫在画上题道：

东风吹日花冥冥，繁枝压雪凌风尘。素罗衣裳照青春，眼中若有梨园人。攀条弄芳畏日夕，只今纸上空颜色。颜色好，愁转多，与君酤酒花前歌。

姚式也是敖继公的学生，不但学问渊博，还精通书法，小楷写得很好，行草书也别具风格。他和赵孟頫十分要好，二人经常相偕出游，赵孟頫说他"风流如晋人""白眼视四海，清言无一尘"。陈康祖，字无逸，寓居湖州，善于写诗。邓文原，字善之，钱塘人，原籍四川。邓文原不但学问渊博，书法也非常好，宋朝的时候做过浙西转运司，入元朝后做过翰林侍制承直郎，兼国史院编修官，国子监祭酒等。

赵孟頫还有一个好友叫夹谷之奇，字士常，滕州（今属山东）人。元军南下进攻南宋的时候，夹谷之奇随军南下，深受大将张弘范的器重。平定浙西之后，夹谷之奇被任命为江南浙西道提刑按察司佥事，管辖湖州。夹谷之奇非常爱才，听说了赵孟頫的名声，就到吴兴寻找赵孟頫。从此之后，两个人就成了诗酒往来的朋友。

对于赵孟頫的才华，夹谷之奇非常欣赏。一有机会，就劝赵孟頫出山做官，赵孟頫总是笑而不答。就这样往来了一段时间，到至元十九年（1282），朝廷来了调令，任命夹谷之奇为吏部郎中，要到大都任职。临行之前，夹谷之奇专程来到赵孟頫家里，向他道别，并乘机说道："孟頫，我去大都任职，有机会见到万岁。我想举荐你进京做翰林国史院编修官，你以为如何？"

赵孟頫摇了摇头，说："多谢您的美意，小弟闲散惯了，还是待在吴兴的好。"

"可是，你都快三十岁了，一身的才华，不出来做事，太可惜了。"夹谷之奇说。

无论夹谷之奇如何劝勉，赵孟頫就是不答应。临别前，赵孟頫为夹谷之奇送行，两人依依惜别。赵孟頫写了一首诗《赠别夹谷公》。诗中说：

青青蕙兰花，含英在中林。春风不披拂，胡能见幽心。相去千里余，会合大江浔。促席谈自古，知我一何深。此别虽非近，怀思渺难任。公其爱体素，尚无金玉音。

夹谷之奇走后，赵孟𫖯更加用心练习书法。一天，有一个姓范的朋友来找赵孟𫖯，手里拿着一卷牙色精纸，请他赐字。赵孟𫖯欣然答应，提起笔来，开始写杜甫著名的《秋兴八首》。可是，纸卷不长，才写了前四首就没纸了，只好作罢。四十年后，赵孟𫖯居然又见到了这件作品，感慨万千，提笔在卷尾的空白处写道：

此诗是吾四十年前所书，今人观之未必以为吾书也。子昂重题。至治二年四月十七日。

赵孟𫖯说别人未必认为这幅字是他写的，是因为他写这幅字的时候，还是沿用宋高宗的风格。后来他的书法风格发生了很大的变化，别人都认不出来了。

因为练字，赵孟𫖯对前代的法书碑帖产生了浓厚的兴趣。宋初开国的时候，太宗皇帝命王著搜集前代名帖，用特制的枣木板刻制了一套法帖，命名为《淳化阁帖》。刻好之后，用质量上佳的歙州贡墨拓了许多部赐给大臣们。因为非常受欢迎，而第一次拓本又不容易得到，所以有人就用朝廷赏赐的拓本翻刻，《二王府帖》《大观太清楼帖》《绍兴监帖》《淳熙修内司帖》《临江戏鱼堂帖》等社会上流行的帖，都是从《淳化阁帖》翻刻而来。但翻刻会变形，字的形神都不如初刻。有一天，赵孟𫖯在书铺闲逛，无意之中看见几本《淳化阁帖》的初拓本，急忙翻看，发现只有第二卷、第五卷和第八卷，价钱不太高，就买了下来。回家之后，仔细欣赏，心中无比的高兴。因为缺了几卷，赵孟𫖯感到有些遗憾，就留了心，到处搜集。功夫不负有心人，第二年五月，他买到了缺失的第一卷、第三卷、第四卷、第六卷、第七卷和第十卷，多得了第八卷，却还差第九卷。到了六月，听说杭州城里有人手中有第九卷，就赶到杭州，用手中的第八卷，外加一卷柳公权法帖把第九卷换了回来，一套完整的《淳化阁帖》初刻搜集齐备。激动之余，回到家里，赵孟𫖯为这套《淳化阁帖》写了一篇长长的跋文，备述搜集的始末缘由。

至元十九年夏日的一天，赵孟頫和几个朋友到浙水边上游玩，结识了戴表元。两人一见如故，在江边找了一块空地，席地而坐，边喝边聊，从《诗经》《尚书》聊到诸子百家；从屈原、宋玉聊到李白、杜甫，还有大宋朝的苏轼父子、欧阳修、王安石；从顾恺之、王羲之聊到颜鲁公、蔡文忠、米癫……天气闷热，刚坐下时，太阳还老高。到了黄昏，天气越来越热，衣衫都被汗浸透了，两人却毫无知觉，越聊越开心。

天色渐暗，戴表元站了起来，说："孟頫兄，今天太高兴了！我得回四明山了。我的书房名叫缩轩，你能记住吗？"

"缩轩？"赵孟頫小声重复了一下，问道："缩字是什么意思？"

戴表元叹了一口气，说："你看，我已经衰老成什么样子了？我又害怕与人交往，这不就是往后退缩吗？"

赵孟頫听了，心中一动，也叹息说："是啊！人活在世上，总会遇到不顺心的事情，时间久了，就有了退缩之心。可是，您虽然表面上困顿不遇，

赵孟頫到浙水边上游玩时，结识了戴表元。两人一见如故。

内心却十分丰满充实，家中虽然贫穷，道德却日日常新。别人见了您，都会感到自惭形秽，您为什么选择退缩呢？"

戴表元说："以前，我只是直道而行，博衣高冠，无所畏惧，觉得自己读了圣贤之书，可以用到治理国家方面去，上可以辅佐明主，下不失自娱自乐。那个时候，我只是想着进取，认为君子得到施展抱负的机会就应该大行其道。如果只知道进取，不知道退缩；只知道存而不知道亡，千年之后，人们会笑话我太愚蠢了。回到我的缩轩，与竹石麋鹿为友，像水中之鱼，林中之鸟，本来就是山林之性，遇到危险，或者下潜，或者飞走。这个世界已经和我的志愿相违背了，我不回我的缩轩，更待何时？"

赵孟頫听了，触动了自己的心事，不禁有些黯然神伤，叹息道："我懂您的志向了。盗跖虽然寿终正寝，与颜回相比，却是短命的。伯夷虽然饿死于首阳山，与奢侈的齐景公相比，却是富有的。财富功名，君子以为耻辱；世人眼中的石头，却是您眼中的美玉。您所说的'缩'，岂不是委屈于一时而扬名于万世吗？"

戴表元说："知我者，子昂也。"拱了拱手，上船而去。赵孟頫站在岸边，望着戴表元的船顺江而下，渐渐变小，直到什么都看不见了，才依依不舍地离开。

隐居山林，比较空闲，除了写字，赵孟頫还经常创作各种内容的画作，与朋友们一起欣赏讨论。赵孟頫有一个从表弟叫袁桷，是鄞县人，比赵孟頫小十二岁，非常喜爱读书，也喜欢绘画。认识戴表元后，赵孟頫把袁桷推荐给戴表元，戴表元就收袁桷为学生。因为是从表兄弟，赵孟頫经常与袁桷往来，画了画，也请袁桷过来欣赏，还让袁桷写文章记述。有一次，两个人相约在杭州相见，赵孟頫带了新画的《脱靴图》和《返棹图》给袁桷看，袁桷非常高兴。赵孟頫去世之后，袁桷在悼念赵孟頫的文章里还深情地回忆了当年的情形。

至元二十二年（1285）的腊月，天气寒冷，吴兴的山里雪花飘飞。赵孟頫坐在书房看书，从小就认识的升元观道士杜道坚来找赵孟頫，想请他为道观的三清殿画一张老子像，赵孟頫答应了。

至元二十三年（1286）的正月初一，吴兴阳光明媚，一片喜气洋洋。赵孟頫给母亲请了安，回到书房，焚上一炷香，待烟篆缭绕，香气袭人，就坐到画案前，铺上一卷好纸，在砚台中注上一点清水，开始研墨。墨块在砚池中发出细细的沙沙声，赵孟頫的心绪随着缭绕的香烟而舒展开来。不一会儿，墨研好了，画也构思好了。赵孟頫拿起画笔，细勾慢挑，用了两个时辰的工夫，老子像画好了。沉吟了一会儿，提起笔来，在卷后把司马迁《史记·老子列传》用工整的小楷抄了一遍。等最后一个字写完，赵孟頫站起身来，长长舒了一口气。看着卷后还有一点空白，又坐下来，拿起毛笔，写了一段话，记下作画的缘由、过程，最后落上名字，盖上印章。

正月还没过去，杜道坚就迫不及待地来到赵孟頫家里。赵孟頫把画好的长卷徐徐舒展开来，请杜道坚看。瞥了一眼，杜道坚惊呆了！沉默了半晌，激动地说："孟頫，真好，真好！"

赵孟頫的名声，在江南更加响亮了。

秋天，从大都传来了消息，元世祖忽必烈派行台御史程文海到江南来为朝廷搜罗人才，命各地官员积极向程文海推荐人选。程文海到达江南后，江南各省的地方官纷纷向他举荐人才，一共举荐了二十多人，赵孟頫和姐夫张伯淳都在被举荐的名单之中。

从至元十三年（1276）南宋灭亡，整整十年过去了，赵孟頫已经三十三岁。宋朝已经不可能恢复，江南的汉族人民只能接受现实。随着旧日的伤痛逐渐平复，江南士大夫们与元朝官员的来往也逐渐多了起来，赵孟頫也不甘心终老林泉，与元朝政府官员有了来往。被程文海举荐之后，赵孟頫动了北上的心。

戴表元听说赵孟頫要北上大都，就来找他，一见面就说："听说你被程文海举荐，要上大都去当元朝的官？"

赵孟頫知道戴表元的心思，不好辩解，只是点了点头。

戴表元说："出去做官，何如逍遥江湖？一入宫门，想抽身都难。"

赵孟頫默默无语。戴表元见状，知道他决心已定，不好再说什么。

# 大都坎坷

元世祖忽必烈至元二十四年（1287）的春天，经过几个月的跋涉，赵孟頫终于抵达了元朝的都城大都，也就是今天的北京。

大都位于华北平原的最北端，北边数十里就是燕山山脉。三千年前，周武王的弟弟召公在大都西南的易水河畔建立燕国。汉唐时期，这里是幽州治所。契丹占领幽云十六州，以此地为南京。女真攻灭辽朝之后，正式定此地为中都。蒙古灭金之后，忽必烈坐镇此地，大力重用南人。称帝之后，将中都城废掉，在金中都城的东北另造新城，取名大都。其时，蒙古帝国横跨东欧、西亚、中亚与东亚，广袤万里。作为蒙古帝国的首都，大都城繁华无比。城墙周长五十余里，高大巍峨，殿宇豪华壮丽，街市纵横密集，常住人口有百万之多，从四面八方来的商队络绎不绝，各种民族与文化汇集此地，形成一道前无古人、后无来者的独特景观。

进入大都城的时候，赵孟頫的心情纷乱复杂。从大都南三门最西边的顺承门进入大都，两旁商铺鳞次栉比，操着各种语言、穿着各种奇装异服的人穿梭来往，热闹非凡。抬头望去，赵孟頫觉得，大都的城墙远比临安城高大，大都的街道远比临安城宽阔，大都的人流量也远比临安城多。从南方千里迢迢地来到大都，前途命运未卜，赵孟頫一想到今后的生活，不禁心中忐忑。到了馆驿，一行人先住了下来，等待皇帝的接见。

这天，消息传来，皇帝忽必烈召赵孟頫一行入宫觐见，忽必烈将在大明殿接见他们。

第二天，赵孟頫一行换好衣服，跟着礼官出了馆驿，出了顺承门，向东不远，到了大都城的正南门丽正门。丽正门往北，一条宽阔的大道直通宫城南门灵星门。再往里走，是内宫正门崇天门，过了崇天门，就是大明殿了。大明殿共九开间，高有十余丈，红墙碧瓦，照人眼目；汉白玉砌成的几十级台阶在阳光的照耀下熠熠生辉，台阶前的广场铺满青石，平坦宽阔，北望大明殿，如在天上，巍然森然，透出一股雄毅肃杀之气。

忽必烈早已在大明殿中等着了。

赵孟頫跟随众人走进殿中，只见殿中靠北金碧辉煌的龙椅上端坐着一个七十多岁的老人，方面大耳，两眼细长，眉宇开朗，面色红润，一副典型的蒙古人容貌，其面色沉毅，不怒自威。赵孟頫知道，这就是当今的大元皇帝忽必烈。

跟着众人叩头跪拜之后，赵孟頫低头垂目，肃立一旁。殿官一一介绍，等介绍到赵孟頫的时候，忽必烈忽然朗声说："让赵孟頫近前说话。"

赵孟頫听了，赶紧向前数步，跪倒在地，高声道："微臣赵孟頫参见万岁。"

忽必烈端详着眼前的这个人，只见赵孟頫身材中等，身着锦服，面如冠玉，文质彬彬，温雅中透着安详，不由得生出了一丝好感，轻声问道："听说你是赵家后裔？你久在林泉，不愿出仕，为何今日站在这里？"

赵孟頫跪倒在地，高声道："微臣赵孟頫参见万岁。"

赵孟頫答道："陛下圣明，大元奄有四海，普天之下，莫非王土，微臣无处可逃，不得不来觐见陛下，以效微薄之力。"

忽必烈听了，微微一笑，甚感满意，说："你往前，到叶李前边站着吧。"

丞相桑哥站了出来，说："陛下，赵孟頫是宋朝宗室，不可使其离陛下太近。"

忽必烈就像没听见一样，问："朝廷正要建立尚书省，你替朕草拟一道诏书如何？"

赵孟頫说："微臣遵命。"退到旁边，问过要宣布的内容，就动笔写了起来，不一会儿就写好了，呈给忽必烈。

忽必烈仔细看了一遍，点了点头，说："字写得好，文笔也不错，写出了朕心中想要说的话。听说你画也画得不错，改天拿过来给朕看看。"

赵孟頫向上叩头："谨遵圣命。"

过了几天，宫里传出话来，命赵孟頫到刑部议事。

到了刑部大堂，赵孟頫发现大家正在交头接耳地议论着什么。忽必烈见赵孟頫进来，问道："今天我们讨论一个法令，凡是贪污金钱满至元宝钞二百贯以上者，一律处以死刑。你以为如何？"

赵孟頫说："陛下，微臣以为这个刑罚稍微重了些。一开始印制中统元钞的时候，和银子是相对应的，有多少银子就印多少纸钞。但二十多年过去了，纸钞多发了几十倍，无法兑现，所以改发至元宝钞。再过二十年，至元宝钞必定会像当初的中统宝钞一样贬值了。按照纸钞定罪，太重了点。况且纸钞是宋朝创立的，主要用于边境地区，金朝沿用了这个习惯，是不得已。如今却要因为纸钞来取人性命，似乎有点不足取。"

一位蒙古官员站了出来，说："现在朝廷发行至元宝钞，严惩贪污的人，你却认为不当。你一个南蛮子，难道想坏了朝廷的律法吗？"

赵孟頫昂然说道："法律关系到人的性命，如果运用不当，就会有人蒙冤不得其死。孟頫奉陛下之命，不敢不说。如今中统宝钞严重贬值，所以改为至元宝钞。说至元宝钞永远不会贬值，天下哪有这个道理？你不懂这个道理，想要以势压人，有点不合适吧。"

此人听了，无言以对，默默地退了回去。

忽必烈说："朕以为孟頫说的有道理。"此事就放下了。

忽必烈见赵孟頫才华横溢，很想重用他。但赵孟頫毕竟是宋朝宗室，蒙古大臣们纷纷诋毁赵孟頫。忽必烈见众人反对，就将此事搁置了。

一天，赵孟頫上朝的时候，忽必烈忽然问他："你是宋太祖的后代，还是宋太宗的后代？"

赵孟頫回答："臣是太祖的十一世孙。"

"宋太祖做的事情，你知不知道？"

赵孟頫答："臣不知。"

忽必烈说："宋太祖做的事情，有很多可取之处，朕都知道。"

赵孟頫叩头道："陛下圣明。"

时光流逝，到大都已经两个月了。每天上朝，处在一群蒙古官员之中，面对一堆粗鄙的莽汉武夫，赵孟頫经常觉得无可奈何。蒙古人是马背上的民族，习惯东游西荡，跨马驰骋，不知读书为何事。元朝一统天下，蒙古贵族的粗豪野蛮却没有根本的改变。在他们看来，赵孟頫身为宋朝宗室，心中一定怀有异志，因此处处防备刁难。赵孟頫非常郁闷，却无处诉说，心中的梦想在现实面前变得遥不可及。闲暇的时候，赵孟頫就到街上走走，放眼望去，各色人等都衣装怪异、言语粗鲁，心中更是莫名的惆怅，不由得怀念起江南的家乡。一天，路过宫城北侧的海子，只见春光之下，水边杨柳轻拂，南侧宫墙高大，殿宇辉煌，心中忽然生出无数的感叹。回到馆驿，挥笔写下了两首诗：

　　　海上春深柳色浓，蓬莱宫阙五云中。半生落魄江湖上，今日钧天一梦同。

　　　尽日车尘马足间，偶来临水照愁颜。故乡兄弟应相忆，同看溪南柳外山。

　　六月，赵孟頫终于等到了返回江南的机会，忽必烈命赵孟頫偕同尚书刘宣出京赶赴江南，查办浙江行省丞相执行政令推广至元宝钞不力之罪，各路官员都可以答罚。天气炎热，从大都赶到浙江，已经是八月了。

　　一到杭州，赵孟頫就开始工作。但工作只是例行公事，他的兴趣还是在书画上。听说赵孟頫来到杭州，名士周密就找上门来，还带来了一卷王献之写的《保母帖》，这可是赵孟頫最喜欢的。

周密，字公瑾，原籍山东济南，后徙籍吴兴，与赵孟頫成了乡邻。周密比赵孟頫大二十三岁，此时已经五十七岁。宋朝还没有灭亡的时候，周密做过丰储仓检查这样的小官，宋朝灭亡，隐居不出，寄居在老友杨沂中位于杭州癸辛街的老宅子"瞰碧园"里，极少出门，以著书自娱，写了不少著作，赵孟頫对周密极为尊重。《保母帖》先被赵孟頫的好友鲜于枢收藏，后来转到了周密手里。鲜于枢定居杭州，苦练书法，认为宋代人的书法离古人很远，应该师法晋唐名家，尤其应当学习王羲之、王献之父子，这些观点完全与赵孟頫契合。赵孟頫看到周密携带的《保母帖》，爱玩不已，提起笔来在后面的空白处写道："世人若欲学书，不可无此。"自己南北奔波，静不下来，不能好好临写古人名帖，看见这样的宝贝，真是令人感叹。

到了九月，又一件宝贝呈到了赵孟頫的面前，是王羲之的《大道帖》，字数虽然不多，但笔势飞舞，神采奕奕，令赵孟頫十分赞叹，提起笔来在后面写道：

> 梁武评书至右军，谓"龙跳天门，虎卧凤阁"，此帖是已。诸家刻中皆未之有。世间神物，岂默有靳惜者，不欲使滥传耶？将好事犹未至也？

然后感叹自己奔走南北，书法的练习几乎都荒废了，今天居然能够看到《大道帖》，不知道是什么因缘！想到这些，赵孟頫有点不愿意回大都了。

处理完浙江行省的事情，赵孟頫回到大都。这次江南之行，赵孟頫不曾笞罚过任何一位官员，丞相桑哥十分不满，觉得他办事不力。一天，在朝堂上讨论查办平江的事情，一个叫王虎臣的人站出来说：

"陛下，平江路总管赵全贪赃枉法，臣请派人查办赵全。"

忽必烈问道："有证据吗？"

王虎臣说："有。"

忽必烈说："那就派你去平江路查办吧。"

王虎臣刚要领命，叶李站了出来，说："陛下，不宜派王虎臣前去平江。"

忽必烈问："为什么？"

叶李说："王虎臣曾经在平江为官，与那里有千丝万缕的关系，派他前去，恐怕引发别的事端。"

忽必烈不以为然，还要坚持。赵孟頫见状，站出来说：

"陛下，微臣赞成叶李的意见，不宜派王虎臣前去平江。"

忽必烈问赵孟頫："你是什么理由？"

赵孟頫说："赵全固然有罪过，但王虎臣的罪过更大。臣听说，王虎臣以前在平江路任职的时候，多次强行买卖别人的良田，还放纵自己的门客贪赃枉法，赵全多次和王虎臣发生争执，王虎臣因此对赵全心生怨恨。如果派王虎臣去，他必定会借机陷害赵全。即使查到了赵全的犯罪事实，他人也肯定怀疑。"

忽必烈听了，才知道王虎臣这么主动的原因，就改派他人去平江了。

丞相桑哥虽然言语粗鲁，行为乖张，但很勤奋，每天天蒙蒙亮，上朝的钟声刚敲响，就已经坐到厅堂，准备工作了。下属各曹的官员来得稍微晚一点，就要被他杖责。有一天，赵孟頫身体不舒服，迟到了一点，丞相府的断事官就把赵孟頫抓过去，准备杖责。赵孟頫又气又怕，拼命挣脱，跑到都堂右丞叶李那里上诉，说：

"右丞大人，他们要打我。您是不是应该过问一下？自古以来刑不上大夫，是为了培养官员们的廉耻之心，教他们重视节义。如今他们却用杖责来羞辱士大夫，也太过分了。被羞辱的不仅是士大夫，也是在羞辱朝廷。"

叶李听到赵孟頫的诉说，到丞相府来问桑哥："丞相大人，赵孟頫说您的下属要杖责他？"

桑哥说："又不是只打他一个人，挨打的人还不少呢？"

叶李又好气又好笑，说："他们都是朝廷官员，这样责打，让他们一点面子也没有，出去怎样见人啊？如果他们告到陛下那里去呢？陛下可是非常喜欢赵孟頫呢。"

桑哥迟疑了一下，说："那你说怎么办？办公迟到，总是要惩罚一下的嘛。"

叶李说："这样好不好？各曹小吏如果迟到了，可以杖责。各位官员如果迟到了，说明原因，告诫一下，罚点钱就行了。"

桑哥想了想，说："好吧。"

一场风波就这样过去了。

一转眼，到了年底，马上就是新年了，独居大都的赵孟頫却高兴不起来。自己来到大都不仅一事无成，而且处处受到限制，当朝的蒙古贵族无论如何都不会信任他这个宋朝宗室的后代。想为天下民生出点力的想法已经变成了空想，眼前只有无尽的烦恼。腊月二十九这天，独坐书房的赵孟頫想起老友郭天锡，提笔给郭天锡写了一封信，向他倾诉自己心中的苦恼。赵孟頫说，自己与郭天锡分别以来，都快三年了，每天都在尘埃和俗梦中过日子。过去的赵孟頫已经不存在了，只剩下一个面黄肌瘦、筋骨衰败的赵孟頫，老友们却可以悠游家乡，峨冠博带，与琴雪为友，胸中不存一点尘俗，每念至此，令人惆怅不已。他写道：

> 不肖一出之后，欲罢不能，每南望矫首，不觉涕泪之横集。今秋辈既归，孑然一身在四千里外，仅有一小厮自随，形影相吊，知复何时可以侍教邪？

写完信，寄出去，赵孟頫心中的难过依然不能消除。窗外的大都，天色昏暗，寒风肆虐。邻家剁肉切菜的声音不断传来，原来是在准备饺子馅了，自己的妻儿却远在数千里外，骨肉分离，父亲的坟墓也不能按时祭扫，老母亲也不能侍候。看着微暗的光线拉长自己孤独的身影，赵孟頫不禁悲从中来，提笔写道：

> 在山为远志，出山为小草。古语已云然，见事苦不早。平生独往愿，丘壑寄怀抱。图书时自娱，野性期自保。谁令堕尘网，宛转受缠绕。昔为水上鸥，今如笼中鸟。哀鸣谁复顾？毛羽日摧槁。向非亲友赠，蔬食常不饱。病妻

抱弱子，远去万里道。骨肉生别离，丘垄谁为扫。愁深无一语，目断南云杳。恸哭悲风来，如何诉穹昊。

念念不忘，必有回响。过了春节，忽必烈下诏，命赵孟頫至江南公干。赵孟頫十分高兴，领了任务，归心似箭，急忙出发，很快就回到了吴兴。

一回吴兴，赵孟頫就恢复了常态，与江南诗友、书友、画友相往来，公事之余，一起品茶赏画，逍遥自在。这种离开朝廷就觉得逍遥快活的感觉，使赵孟頫想起了苏东坡，觉得自己从未像现在这样理解这位伟大的天才。三月十五日，赵孟頫画了一幅苏东坡小像，方巾道服，手持竹杖，翛然欲仙。画完之后，提起笔来在卷后抄录了一首苏东坡的杏花诗：

杏花飞帘散余春，明月入户寻幽人。褰衣步月踏花影，炯如流水涵青蘋。花间置酒清香发，争挽长条落香雪。山城酒薄不堪饮，劝君且吸杯中月。洞箫声断月明中，惟忧月落酒杯空。明朝卷地春风恶，但见绿叶栖残红。

苏东坡优美的诗词，把赵孟𫖯带入到无比优雅的美好意境之中。他抄录着，笔墨挥洒着，娟秀飘逸的字从笔尖流淌而出，与东坡画像相得益彰。

过了几天，赵孟𫖯因公到衢州办事，友人听说他来了，拿了一册《定武兰亭》拓本请他过目。赵孟𫖯一见，非常高兴。因为在传世的《兰亭序》各种版本中，《定武兰亭》最能重现王羲之《兰亭序》的神韵风采。无法得到《兰亭序》的唐代钩摹本，得到一册精良的《定武兰亭》拓本也是一件令人开心的事，因此赵孟𫖯提笔在卷后跋道：

> 《兰亭》墨本最多，惟定武刻独全右军笔意。此旧所刻者，不待聚讼，知为正本也。至元己丑三月，三衢舟中书。

过了几个月，赵孟𫖯回到大都。刚回去，就得到消息，宋朝遗民、志士谢枋得被抓到大都。没多久，因为谢枋得坚决不肯投降元朝，忽必烈下令将谢枋得杀害。赵孟頫听到消息，十分难过。谢枋得也曾得到程文海的举荐，但谢枋得坚决拒绝，还说江南士人忘记家国之恨，到元朝做官，是天底下最可耻的事情。想想谢枋得，再看看自己，赵孟頫深感羞愧。

至元二十七年（1290）春天，赵孟頫被升为集贤直学士、奉议大夫。此时丞相桑哥的脾气却越来越大，与六部官员的矛盾也越来越突出，大伙儿暗地里思量着，准备把他捣下台。

五月，大都发生了大地震，房倒屋塌，一片混乱，连皇宫都塌了不少房子。到了八月十五，大都北边燕山北麓的武平路又发生大地震，震坏了许多房屋。没过一个月，武平路又发生第二次强震，地面塌陷，洪水涌出，被淹死和砸死的人有几十万。丞相桑哥却全然不顾眼前的大灾，委派忻都、王巨济等人理算天下的钱谷税收，已经征调完毕的有几百万两，尚未征调的还有几千万两，老百姓活不下去，不断有人自杀，交不起税的人逃往深山老林，桑哥派兵进山追捕，手段残忍。一年之内数次大地震，使忽必烈非常震惊，觉得是不是朝政有什么问题而引发长生天的不满，就下诏给阿剌浑撒里，让他把集贤院和翰林院的学士们召集到一起讨论此事，但不能让丞相桑哥知道。阿剌浑撒里接到忽必烈的诏命，急忙赶回大都，召集大家开会。大家七嘴八舌说了半天，只是泛泛地引用古代典籍中有关灾异的一些记载讨论一下，却始终没有一个人敢指出丞相桑哥的胡作非为也不敢讨论时事。阿剌浑撒里与赵孟頫非常要好，赵孟頫见状，就对阿剌浑撒里说："天灾如此，民不聊生，朝廷应该及时免除百姓的赋税，才能消除灾异。"阿剌浑撒里将赵孟頫的意见转告给忽必烈，忽必烈觉得有道理，就下诏减免赋税。

减免百姓赋税的诏书还没有下达，丞相桑哥就听到了消息，勃然大怒，冲到集贤院质问赵孟頫："这一定不是陛下的意思，一定是你在蛊惑陛下！"

赵孟頫昂然说道："是我的建议。凡是那些征调不了的钱谷，落在其名下的人都已经死亡殆尽，你从哪里征调？如果不及时免除，他日在朝廷论事，有人把责任推给尚书省，岂不是给你增添麻烦？"

桑哥听了，觉得赵孟頫的话有一定道理，下令部分减免百姓赋税，形势才稍微缓和了一点。

经历了这些事情，赵孟頫更不愿意留在大都了。他写信给鲜于枢，附了一首小诗，表达了对鲜于枢杭州生活的羡慕：

> 廊庙不乏才，江湖多隐沦。之子称吏隐，才高非众邻。脱身轩冕场，筑屋西湖滨。开轩弄玉琴，临池书练裙。雷文粲周鼎，鹿鸣娱嘉宾。图书左右列，花竹自清新。赋诗凌鲍谢，往往绝埃尘。我生少寡谐，一见凤昔亲。误落尘网中，四度京华春。泽雉叹畜樊，白鸥谁能驯。

# 你侬我侬

大都的官场环境令赵孟頫十分郁闷，唯一感到宽慰的，是妻子管道升给自己带来的温馨，夫唱妇随，生活和谐美满。

在北上大都之前，赵孟頫虽然名满江南，却是孑然一身。十几年前娶的妻子早已病逝，也没有留下子嗣。亲友虽然几次为赵孟頫说媒，都没有成功。在不知不觉中，一桩好姻缘来临了。

吴兴有一户姓管的人家，主人叫管伸，性格豪爽，急公好义，闻名乡里，是春秋时期著名政治家管仲的后代。管家一直居住在山东，金兵南下后，从山东迁到了吴兴。管家是世代诗书之家，一直受到人们的尊敬，所居住的地方叫做栖贤村。周氏夫人只为管伸生了一个女儿。因为没有儿子，女儿就成了管伸的掌上明珠，为孩子取名叫管道升，从小对她呵护备至，教她学习诗文书画。管道升长大之后，非常聪明，长得也很漂亮。到了出阁的年龄，提媒的人不断上门，管伸想挑一个好女婿，千挑万选，却总不满意。管道升也心高气傲，不肯随便嫁人，所以到了二十多岁还没有嫁出去。后来，听说赵孟頫的妻子故去，膝下又没有孩子，父女俩都有点动心。在管伸看来，赵孟頫虽然已经三十多岁了，还隐居乡里，没有出去做官，但他是宋朝皇家子弟，教养好，文化高，书画皆佳，名声在外，眼前虽然还是布衣，今后一定会飞黄腾达。管道升则是仰慕赵孟頫的才华。赵孟頫饱读诗书，多才多艺，自己也喜爱诗文书画，如果能够与赵孟頫结为夫妻，举案齐眉，比翼双飞，那该有多好！

父女俩商量好之后，管伸就找人去赵孟頫家提亲。赵孟頫也早就听说过管道升，知道她多才多艺，温婉贤淑，心中颇有几分向往。听说管家来提亲，赵孟頫喜出望外，就答应了。赵孟頫马上就要北上大都，无法在吴兴待得太久，两家人商量好成亲的日期，就把婚事办了。从此，赵孟頫身边多了一位美丽的贤内助。

至元二十四年（1287）春天，赵孟頫北上大都，因为对前途没有把握，就没有带管道升同行。到达大都之后，忽必烈的信任，使赵孟頫有了点底气。但在元朝朝廷做官并不是一件轻松的事。独居大都的赵孟頫倍感孤独，日益想念留在南方的妻子。但没有忽必烈的旨意，赵孟頫不能随便离开大都，无法接妻子来大都。

至元二十五年（1288）的年底，赵孟頫接到忽必烈的诏书，让他春节之后，代表朝廷宣召江南。听到这个消息，赵孟頫太高兴了。掐指一算，自己离开家乡已整整一年，真想念家里的妻子呀！

过了春节，赵孟頫立刻起程，二月底就回到了吴兴。管道升见丈夫回来，自然欣喜异常。久别胜于新婚，两个人每天一起写字作画，对景吟诗，累了就携手徜徉于庭院山林，好不自在。

一天，两个人在院子里散步，管道升突然停了下来，若有所思。赵孟頫见了，问道："夫人，你在想什么？"

赵孟頫与管道升徜徉于庭院山林之中。

管道升说："我在想院子里的那个亭子，是不是可以命名为'鸥波亭'？"

赵孟頫听了，问道："你为什么想用这个名字呢？"

管道升说："你是否记得杜工部那首描写鸥鸟的诗句？'雪暗还须浴，风生一任飘。几群沧海上，清影日萧萧。'陆放翁也有诗句说：'得意鸥波外，忘归雁浦边。'他还说：'海上轻鸥何处寻？烟波万里信浮沉。'你我夫妻若能永远像现在这样悠闲自在，不问世事，就像鸥鸟出没于万里烟波之上，自在飞翔，岂不妙哉？"

赵孟頫听了，抚掌大笑，连声说："好！好！知我者，夫人也。"

管道升见状，不觉也笑了起来。

过了几天，管道升拿了一本王羲之小楷《黄庭经》帖，说："我今天在书肆里得到了一本古拓《黄庭经》，你看看怎么样？"

赵孟頫接过来一看，只见字口清晰，墨色浓亮，全无轻薄虚浮之气，还隐约散发着一股墨香，不禁说道："是古拓，好东西。"

管道升微微一笑，说："你抽空摹写一本吧，再根据王右军当年用《道德经》换鹅的故事画一幅画接在后边，那有多好。"

赵孟頫说："好。"立即铺上纸，静心临写起来，不到一天的工夫，就临写完了。第二天，又画了一幅《羲之换鹅图》，把色上好，将其装裱成一个册页，又在最后写上"至元戊子春三月五日，赵孟頫识于鸥波亭。"管道升看了，爱不释手。

秋天，赵孟頫完成了宣召江南的任务，必须返回大都了。夫妻二人临别之时，依依不舍。与赵孟頫道别之后，管道升背过身去，偷偷把眼泪擦干。回到家中，脑子里一片空白。过了几天，管道升实在按捺不住对丈夫的思念，就画了一幅山水画。画完之后，在卷首题上几个大字："云山千里图"，又在最后写了一段跋文，将其裹好，叫邮差寄往大都。

不久，赵孟頫收到了管道升寄来的山水画，画中从右至左，云树苍茫，烟柳隐现，暮霭沉沉，用笔清秀儒雅，正是夫人的墨迹。画卷最后，题着几行小字，只见管道升写道：

云山万里，寸心千里。仲姬写寄子昂赐正。

满满的思念，尽在不言之中。想到夫人远在千里之外，形单影只，心中凄苦无可诉说的情境，赵孟頫的眼泪差点掉下来。

过了春节，忽必烈命赵孟頫江南公干。办完公事后，赵孟頫接管道升和出生不久的儿子赵亮一起回到大都。此后，管道升便没有离开过赵孟頫的身边。

管道升随丈夫来到大都的消息传到了宫里，皇太后非常高兴，在兴圣宫召见了管道升。此时正值寒冬，宫院里的几株蜡梅在寒风中绽放出鲜艳的花朵。太后早就听说管道升的诗文很好，说："仲姬，你作一首咏梅诗吧。"

管道升说："遵旨。"望着那几株梅花，稍稍停了一下，就吟诵了出来：

雪后琼枝嫩，霜中玉蕊寒。前村留不得，移入月宫看。

太后听了，抚掌称赞，连声说："好诗！好诗！"

在中国艺术史上，像赵孟頫夫妇一样，二人都精通书画者为数极少。管道升虽然从小在父亲的监督下读了很多书，书画也有一定的基础，但毕竟条件有限，见不到多少前代的经典作品。赵孟頫却不然，不仅才华横溢，天赋极高，而且多与江南名士来往，学养深厚，眼界宽广，年轻时代就达到了很高的水平，积累了巨大的声望。因此，在管道升心中，赵孟頫既是自己的丈夫，也是自己的书画老师。赵孟頫画过的一些小幅作品，管道升总要临摹几遍，直到得其神韵为止。她不仅擅长画墨竹，也擅长画兰草和梅花，佛像画和山水画也有一定的水平。大德二年（1298）九月，管道升画了一幅梅竹图卷，拿给赵孟頫看，请他在上面品题。赵孟頫非常喜欢，在上面题道：

道升素爱笔墨，每见余尺幅小卷，专意仿摹，落笔秀媚，超轶绝尘。此卷虽系小景，深得暗香疏影之致，故倩予品题，聊缀小诗，以记一时之兴云。

从流传到今天的书画作品来看，管道升也有极高的艺术天赋，不仅有很强的临摹能力，还有很好的转化能力，她能将学到的知识消化吸收，变为己用。因为长期生活在赵孟頫身边，管道升的书法从用笔到点画形质都充满了赵孟頫的气息，神韵极其相似，普通书法爱好者甚至无法分辨两者之间的差别。管道升与生俱来的高雅情怀，使其书画作品显得笔意清绝，超凡出尘。只是在人物画和山水画方面，管道升用功不多，无法与丈夫相比。

赵孟頫提举江南之后，他在书画领域的声望越来越高，管道升的书画修养也日渐提高，名气也越来越大。在世人眼里，这对夫妻夫唱妇随，是一对神仙眷侣。有人求不到赵孟頫的字画，就想到了管道升，开始求购她的字画了。

赵孟頫每次看到有人求购夫人的字画，就乐在心头。家里事情多，忙不过来，管夫人就请丈夫替自己代笔。

一天，有人来求赵孟頫画墨竹，赵孟頫画了一幅横卷，共十几丛墨竹，画好拿给夫人看。管道升提起笔来，在卷前的空白处题写起《修竹赋》来：

猗猗修竹，不卉不蔓，非草非木。操挺特以高世，姿萧洒以拔俗。叶深翠羽，干森苍玉。孤生太山之阿，千亩渭川之曲……

管道升写完，赵孟頫过来一看，说："夫人的书法越来越好了。"管夫人听了，非常高兴。

像世间所有的夫妻一样，再恩爱也有不和谐的时候。据说赵孟頫奉命提点江南儒学时，管道升没有跟随，暂时留在大都。赵孟頫到了江南，受到江南士大夫的热烈欢迎，每天诗酒流连，乐不思归。管道升听说之后，画了一幅墨竹，在画上题了一首诗：

夫君去日竹新栽，竹子成林夫未来。容貌一衰难再好，不如花落又花开。

既表达了对丈夫的思念，又暗中规劝丈夫早日归来，不要等到自己容貌变老的时候才想起回家。

赵孟頫收到管道升的画之后，虽然理解妻子的心情，却没有太在意。不久，有消息传到大都，说赵孟頫准备娶一房小妾。管道升听到消息，心里非常难过，又不便公开与丈夫吵闹，就派人给赵孟頫送了一封信。赵孟頫打开一看，只见纸上写着一首《我侬词》：

> 你侬我侬，忒煞情多。情多处，热似火。把一块泥，捻一个你，塑一个我。将咱两个一齐打破，用水调和。再捻一个你，再塑一个我。我泥中有你，你泥中有我。我与你生同一个衾，死同一个椁。

赵孟頫看了，顿时满面羞愧，想起夫人对自己的关怀体贴，觉得自己这样想，实在对不起妻子，就打消了娶妾的念头。

当然，这两个故事都是传说，未必是真的。人们喜欢在正史记载之外编造一些故事，既是对名人的一种尊重，也增加了茶余饭后的谈资。管道升去世之后，赵孟頫深受打击，很长时间都不能从哀伤中解脱出来。在为管道升撰写的墓志中，赵孟頫说："夫人天姿开朗，德言容功，靡一不备。翰墨辞章，不学而能，处家事，内外整然。岁时奉祖先祭祀，非有疾必斋明盛服，躬致其严。"

夫妻间感情之深厚可见一斑。

# 泉城流连

　　至元二十九年（1292）正月，忽必烈下诏升赵孟頫为朝列大夫，参加中书省的议事。赵孟頫听了，坚决不肯，说："陛下不以微臣无能，青眼相加。但微臣才疏学浅，恐怕不能胜任。还是让臣在集贤院待着吧。"

　　无论忽必烈怎么劝说，赵孟頫就是不肯答应。忽必烈觉得赵孟頫的态度有点反常，为了安慰赵孟頫，特准赵孟頫可以随意进出宫门，他人不准阻拦。赵孟頫却觉得待在忽必烈身边太危险。那些蒙古族重臣见他深受忽必烈信任，无不妒火中烧。要是接受了忽必烈的这个恩赐，那些人就更恨自己了！一想到这些，赵孟頫就有些不寒而栗。

过了几天，赵孟頫提出外补，忽必烈没有答应。又过了几天，赵孟頫再次上奏，请求外补。忽必烈见他如此坚持，就勉强答应了。

六月，中书省终于传下宣命，赵孟頫出任同知济南路总管府事。

赵孟頫非常高兴。正式上任前，他可以先回吴兴老家一趟。

至元二十九年，贯通南北的大运河还有几十公里没有挖通，从大都南下暂时还只能走陆路。一出大都，望着沿途美丽的乡野，赵孟頫就像出了笼子的小鸟一样快活自在。

过了德州不远，望见两座小山，一个尖顶，一个平头，赵孟頫知道那是济南城北的鹊山和华不注山，就快到济南了。渡过黄河，顺着官道南行，济南城就在大路的东侧，远远可以望见济南的城墙，但赵孟頫没有下道，而是直接南行，往吴兴赶路。等离开了济南境界，回头遥望济南城，赵孟頫的心中有一种说不出的狂喜。又过了十几天，到了长江边。从镇江渡江，离吴兴就不远了。不知不觉，赵孟頫诗兴上来了，写道：

五年京国误蒙恩，乍到江南似梦魂。云影时移半山黑，水痕新涨一溪浑。宦途久有曼容志，婚娶终寻尚子言。政为疏慵无补报，非干高尚慕丘园。

多病相如已倦游，思归张翰况逢秋。鲈鱼莼菜俱无恙，鸿雁稻粱非所求。空有丹心依魏阙，又携十口过齐州。闲身却美沙头鹭，飞去飞来百自由。

在吴兴盘桓了一段时间后，秋末冬初，赵孟頫携带家小北上济南，正式上任了。

济南历史悠久，文物繁华。相传舜帝曾在城南的历山耕种。历山森林密布，水源丰富，顺山而下，遍布水泉，商代即称此地为"泺"，意思是水多。春秋时期，齐国在此建立泺邑，又更名历下。到西汉，因其地处济水之南，故称济南，先为济南郡，后为济南国。历魏晋、隋唐和金朝，至元代初期，改为济南路，直属中书省。赵孟頫上任时，济南路的官员还有不少缺员，总管都没有到任，赵孟頫是"同知济南路总管府事"，不是正式的总管，却是实际的总管，府中的事情都由他一个人说了算。他的性子比较随和，遇到事情，轻的言语化解，重的交给上级，济南民风又比较纯朴，所以上任之后，倒也比较清闲。在大都期间，虽然职务不重，但杂事繁多，没有空闲。到了济南，位高权重，反而清闲了不少。赵孟頫终于有时间坐下来读书、写字、画画了。

公务方面，赵孟頫重点兴办学校。治下的淄川县学年久失修，赵孟頫拨款将房屋修缮一新，还写了一篇《淄川县学重修记》。城里的盘阳路有一座孔庙，破败不堪，赵孟頫也拨款重修，修好之后，竖起一块石碑，写了一篇《盘阳路重修先圣庙记》刻在上面，记录重修的经过。利津县新修一座孔庙，祭祀孔子的同时，还作为县里的学堂，赵孟頫也竖起一块石碑，写了《新修庙学碑》。第二年八月，济阳县重修县学，杨文安写了一篇《济阳县重修庙学碑》，赵孟頫用工整的楷书写了一遍，刻在碑上。有了这些鼓励，济南路的读书办学之风盛行，士子们也有了读书的去处。

除了办学，最令赵孟頫快乐的是读书、写字、画画、鉴定古画。

赵孟頫自幼喜爱读书，尤其爱读汉代和晋代的经典作品，如司马相如、扬雄、班固和潘岳的作品。儿子赵雍逐渐长大了，为了督促赵雍读书，赵孟頫专门抄录了司马相如、扬雄、班固、潘岳的几篇大赋作为儿子学习的典范。赵孟頫之所以欣赏这四位文学家的文章，是觉得他们的文章继承了孔子遗风。

转眼到了第二年，赵孟頫每天都按时到府里处理公务，完了就回家，或与朋友游览济南城中的名胜古迹，好不轻松快活。一天，杭州来人求赵孟頫办事，同时带来一件礼物，打开一看，是老友鲜于枢写的四幅五言绝句，不但字大，而且雄劲粗豪。在正文的后边还有一段跋文，鲜于枢写道：

　　元甲午良月，北邨市舶之赵翰林以此四纸求余作大草书。久病目昏，不能对客，聊以应命，殊愧不工。他日再易，必又是病目时也。呵呵。鲜于枢。

赵孟頫看了，笑了起来，提笔在后边写道：

因学之书，妙入神品，仆所不及。然四幅不若合为一幅之为佳。爰使能者重装潢之。松雪识。

一天，大都传来消息，忽必烈去世了。

忽必烈的身体一直很强壮，戎马一生，养成了豁达雄豪的性格。但到晚年，各种不顺心的事情接踵而至。此时，虽然蒙古帝国横跨欧亚大陆，纵横万里，但由于忽必烈抢夺了阿里木哥的大汗之位，有篡位的嫌疑，蒙古诸王不服，帝国开始分裂。忽必烈所控制的地区最为广大，除了蒙古故土，还有广大的汉地和青藏高原。进攻日本的战争虽然失败了，但元朝并没有伤元气。至元十八年（1281），忽必烈的妻子察必去世。几年后，太子真金也去世了。受到强烈刺激的忽必烈开始酗酒，暴饮暴食，越来越肥胖，从而引发了多种疾病，使他痛苦不堪。加上一些政策推行的失败，忽必烈的心情越来越不好。至元三十年（1293），忽必烈立真金的第三个儿子铁穆耳为皇太孙。至元三十一年（1294）正月二十二日，忽必烈突然在大都病逝，享年七十九岁。

想起忽必烈对自己的知遇之恩，赵孟頫心里难过了很久。

忽必烈去世后，铁穆耳在母亲阔阔真和大臣伯颜等人的支持下，在上都宫城内的大安阁即位，是为元成宗。这时，铁穆耳已经快三十岁了，对于国家大事已经可以独自处理了。

元成宗即位后，改变了忽必烈的部分政策，停止了对外战争，不再发兵进攻日本和安南，全力整顿国内军政。对与元朝对立的西北反叛诸王，则采取强硬措施，出兵将其击败，其他蒙古藩王见势不妙，暂时表示归附，依然承认元朝为蒙古帝国的共主，纵横万里的蒙古帝国获得了暂时的安宁。但忽必烈争夺汗位引发的矛盾并没有解决，分裂倾向依然在加剧。

不过，远在济南的赵孟頫管不了这些。这一段时间，赵孟頫喜欢画马。蒙古人征战四方，之所以能够获得巨大胜利，和他们习惯于马背上的生活，作战机动灵活分不开。征服中原之后，爱马的习俗在中原也传播开来，原本习惯于种地的汉人对马的兴趣也日渐增加。赵孟頫到大都之后，耳濡目染，对骏马的认识也深入了不少，马也越画越好，人们将他画的马与北宋名家李公麟画的马相提并论，成为人们争相收藏的对象。有一个叫徐企的人买到了一幅赵孟頫画的马，著名诗人方回专门为这幅画写了一首诗《为徐企题赵子昂所画二马》：

> 相马有伯乐，画马有伯时。伯乐永已矣，伯时犹见之。长林之下无茂草，此马得无半饱饥。一匹背树似揩痒，一匹龁枯首羸垂。赵子作此必有意，志士失职心伤悲。我思肥马不可羁，不如瘦马劣易骑。焉得生致此二匹，马亦如我老且衰。破鞍弊鞯骨硨硪，狂豪敢学幽并儿。无世尘处天地阔，我后子先缓辔看山时赋诗。

一天，赵孟頫收到戴表元从江南寄来的一封信，信中附寄了一首诗，半开玩笑地让赵孟頫再给他寄点字画，因为他的字画越来越好了。戴表元说：

> 济南官府最风流，闻是山东第一州。户版
> 自多无讼狱，儒冠相应有宾游。秋风鱼酒黄粱
> 市，夜月笙歌画舫舟。行乐使君诗笔俊，一篇
> 肯寄剡溪头。

赵孟頫看见老友的玩笑，不觉笑了起来。

二月初，赵孟頫接到朝廷诏命，让他回大都参加《世祖实录》的修撰。《世祖实录》的修撰时间不长，工作完成之后，元成宗铁穆耳专门在内廷召见了赵孟頫夫妇，对他参与《世祖实录》的修撰表示满意，同时想让赵孟頫留在大都，专门负责修撰实录。

赵孟頫急忙拒绝，说："陛下恩命，微臣本应应诏。但微臣近来身体一直不好，不能适应北方气候，想回吴兴修养一段时间。而且岳父大人身体欠佳，前些日子有家书送来，病体比较沉重，理应回吴兴侍候一段时间。请陛下恩准。"

元成宗看了看赵孟頫的脸色，的确有些不大好，就说："你先在大都停一段时间，替朕处理几件事再回江南吧。"

七月初，赵孟頫与妻子管道升带着一些珍藏的古代书画离开大都，八月十五日到达苏州，八月十六日回到吴兴旧宅。全家安顿好之后，开始邀请老友们到家里小聚。首先邀请的是周密，二人多年未见，十分亲切。茶饭之后，赵孟頫回到书房，打开樟木箱子，从里面拿出一个卷轴。周密一看，装饰精美豪华，绝非凡物。徐徐展开，原来是唐代画家韩滉的《五牛图》。周密赶紧凑过去细细观瞧，看了良久，抬起头来，长吁了一口气，说："老夫今日眼福不浅。"

赵孟頫把《五牛图》收起来，放在书架上，又从樟木箱子里拿出一个卷轴，徐徐打开，是虞世南的《枕卧帖》，上边盖有"建业文房之印"和"绍兴"小玺。周密几乎叫了起来："虞永兴！"

赵孟頫又拿出一个小卷，是李邕的《葛粉帖》，上边还有宋徽宗的题款，书法劲健雄肆，能得王右军之神韵。再拿出一卷，是王维的一幅山水

赵孟頫邀请老友周密到家中小聚。

画，用淡墨勾勒轮廓，略加皴擦，真有方寸千里之势。周密见了，看得眼睛都有点花了。

赵孟頫接着从箱子里往外拿，有李思训《摘瓜图》，韩干《五陵游侠图》，周昉《春宵秘戏图》，吴道子《观音剔青地》，魏元君《受经像剔青地》，李成《看碑图》，黄筌《唐诗故实》《脱箨新篁》《剪金雏雀》《双鹎鶄》，董源《河伯娶妇》《水石吟龙》，孙知微《十一曜图》，颜真卿《乞米帖》，谢稚《三牛图》，王诜《连山绝壑图》，赵希远《蟠松双兔》，宋徽宗《古木寒鸦嫩竹》，王齐翰《岩居僧》，李公麟《慈孝故实图》，易元吉《竹石獐猿图》，徐熙《梨花图》等。还有一堆古玩：有雕玉盘、白玉方顶簪、白玉双荔枝女环；一枚方铜炉，红铜手制，极其典雅；还有一个圆形铜鼎，古色古香，看样子有上千年的历史了。书画摆满了几案，青铜器只能放在地上。周密仔仔细细地欣赏，两眼放光，打开董源和徐熙的画，说："这几件东西，叶森都看到过。米海岳的《宝章待访录》中也记录过，可惜以前无法看到，今天终于看到了。"

赵孟頫说："我在大都，还见过《稽古录》，一共二十册，里边收录的都是高宗时候，宫里所收藏的夏、商、周三代古器物。这些器物画成图，染上颜色，或青或绿或红，非常漂亮。旁边还题上款识，详细说明，还有各种考证文字。"

说着，赵孟頫从书架上拿下一个册子，里边是一首周代铜鼎《丰鼎》的题诗。周密一看，只见赵孟頫写道：

丰鼎制特小，周人风故淳。摩挲玉质润，拂拭翠光匀。铸法观来妙，铭文考更真。平生笃好古，对此兴弥新。

赵孟頫说："《丰鼎》体制不大，铸造极其精美，上面还有六个字的铭文，图在《博古图》的第三卷，可惜没看到这个鼎，只能想象一下了。"

周密说："你能看到《博古图》里边的画就不错了，我都没见过。"

直到天色昏暗，两人还在讨论，周密就留在了赵孟頫家里，住了几天才回杭州。

腊月，周密又来到吴兴，住在赵孟頫家里，两人白天在吴兴四周游览，晚上在书房促膝长谈。周密说起自己的祖籍是山东济南，后举家搬到江南，自己在江南长大，对故乡没有什么概念。赵孟頫说："济南真是个好地方，泉水密布，民生盎然，城北的鹊山和华不注山也非常有意思。"

周密问："是《左传》里记载的鞌之战中齐顷公被晋兵追着绕了三圈的华不注山吗？"

"是啊！"赵孟頫说，"谁让他轻敌呢？连早饭都不吃就去和晋军打，轻躁冒进，没被晋军俘虏就不错了。"

周密问："华不注山和鹊山是什么样子？我听说两座山的形状很有意思。"

赵孟頫想了想，说："用言语不好说清楚。鹊山山顶比较平坦，远看像一个大馒头；华不注山离鹊山不远，像一个圆锥形，也不高。站在城北，能清清楚楚地看到两座山，干脆我给你画出来吧。"

第三天，赵孟頫在画案上铺开纸，研好墨，静心画了起来，不到两个时辰就画好了。周密过来一看，只见画面上方，左边是平头状的鹊山，右边是尖顶状的华不注山，两山山顶皆用花青。中景和近景是一片开阔的沼泽地与河水。左侧鹊山之下，林木秀美，枯润互杂。河岸和沼泽之中芦苇横生，屋庐隐现。波光粼粼的水面上，数只渔船散布其中，还有几只羊徜徉在庭院之中。近处岸边，几个渔者正在张网捕鱼。右边的华不注山山峰高耸，山下林木茂密，近处沼泽之中芦苇丛生。林木或用青绿，或施朱砂，红绿相间，一片秋色景象。整个画面温馨祥和，笔墨华滋，令人陶醉。

周密静静地看着，有些呆了，说："故乡啊！齐州风物。有机会的话，我一定到济南看看。"赵孟頫说："这幅画就送给你吧。"又在左上空白处题道：

　　公谨父，齐人也。余通守齐州，罢官来归。为公谨说齐之山川，独华不注最知名，见于《左氏》，而其状又峻峭特立，有足奇者，乃为作此图。其东则鹊山也，命曰《鹊华秋色》云。元贞元年十有二月，吴兴赵孟頫制。

周密激动地将《鹊华秋色图》收藏起来，说：

"子昂，你这幅画既有唐人之高雅，又有我朝之雄肆，笔精墨妙，一定会流芳千古。"

元贞二年（1296）四月初一，老友冯伯田拿着苏轼书欧阳询《醉翁亭记》来找赵孟頫。赵孟頫说："伯田兄，我在高仁卿家见过这幅字，这是赵子固家的旧藏。我在大都看的时候，上边还有子固的印章呢，可现在没有了，一定是被无知之人裁剪掉了，实在可惜！"

赵孟頫又说："有人说东坡公的字太肥了，东坡公自己却说'短长肥瘦各有态，玉环飞燕谁敢憎？'这幅字纵横潇洒，虽然丰腴，却绝没有墨猪的样子，外柔内刚，真的是如绵裹铁。有志于学习书法的人，遇到自己很难进步的时候，见到古代名帖，能力就能增长。我看到东坡公的这幅作品，能力岂止增长一倍，不知道伯田兄你的能力能够增长多少？"

一句话问得冯伯田脸都红了。

大德元年（1297），四十四岁的赵孟頫还在江南。如果没有朝廷的诏命，他是不打算回大都了。

刚过春节，一个叫仲时的秀才拿着一幅赵孟

頫十几年前画的《百骏图》，请赵孟頫看看是不是真迹。赵孟頫一看，真是自己的旧作，不禁思绪万千，在画卷的后边题写了一首长诗：

> 沙树历历沙草荒，江上谁开刍牧场。马群所聚凡一百，饮秣而俯嘶而昂。寝讹浴涉蹻目骧，或乳或驻或轧疮。三纵五横不成行，若龙若骐青紫黄。乌骓赤兔照夜白，连钱桃花斗文章。牝兮牡兮未可辨，亦莫可识驽与良……

十月，赵孟頫接到朝廷诏命，让他北上担任汾州路汾州知州。赵孟頫不愿意应命，写奏章推辞，说自己父亲的坟墓需要看护修理，不宜远离。奏折递出之后，赵孟頫怀着惴惴不安的心情，写了一篇《先侍郎阡表》，悼念早已逝去的父亲。然后从杭州回到吴兴，准备过年。

大德二年（1298）的正月初二，赵孟頫一家人还沉浸在春节喜悦的气氛中，行省长官突然派人通知赵孟頫，让他尽快赶到杭州去。正月初三，赵孟頫赶到杭州，一问情况，原来是朝廷下了诏命，想让赵孟頫回大都抄写经文。元朝皇帝都是虔诚的佛教徒，抄写经文是常见的功德之事。赵孟頫书法精湛，正是替朝廷抄写经文的不二人选。赵孟頫无法推辞，只得答应。

赵孟頫回到吴兴，回想近日诸事，心绪烦乱，更觉得闲居生活的美好。可官命难违，前途未卜，自己实在不愿意北上。思虑良久，看着镜中的自己已是一头华发，不禁悲从中来，忽然觉得当年陶渊明能不为五斗米折腰，该是何等有决断啊！赵孟頫走到书房，坐在画案前，铺好纸，对着镜子，给自己画了一幅小像。画完之后，在旁边题道：

致君泽物已无由，梦想田园雪水头。老子难同韩子传，齐人终困楚人咻。濯缨久判从渔父，束带宁堪见督邮？准拟新年弃官去，百无拘系似沙鸥。

第三天，赵孟頫开始整理自己多年来的诗文书稿。算下来，已经有一百多篇了。整理好之后，取名《松雪斋诗文集》，"松""雪"二字，寄托了自己对青松、白雪高洁凌霜之志的向往之情。按照古人的习惯，应该请朋友给自己的诗文集写一篇序言，赵孟頫想到了隐居江南的戴表元。多年以来，自己奔波于南北，身不由己，戴表元却如闲云野鹤，好不逍遥，心中不免生出许多羡慕之情。想到这里，赵孟頫就派仆人去找戴表元，请他到杭州来。二月十五日，戴表元到了杭州，见面之后，赵孟頫将为《松雪斋诗文集》撰写序言的事托付给了戴表元。

二月二十三日，赵孟頫和周密、郭天锡、张伯淳、杨肯堂、邓文原、李衎、霍肃、马昫、乔篑成、王芝、廉希贡等人相聚于鲜于枢家中，作诗酒之会。品茗之后，郭天锡第一个献宝，拿出一幅宋初大家郭忠恕画的《雪霁江行图》，画面之上，大雪初霁，一片雪白，空旷无人，江天一色，只有江面上的一叶小舟和隐约的江岸向人们提示着雪后之景，远处灰暗阴沉的天空中是一线起伏的山峦，一幅肃寒之气扑面而来。大家一看，齐声赞叹。郭天锡请赵孟頫题跋，赵孟頫提起笔来写道：

右郭忠恕《雪霁江行图》，神色生动。徽庙题为真迹，诚至宝也。大德二年二月廿三日，同霍清臣、周公谨、乔箦成诸子，获观于鲜于伯几池上。

赵孟頫刚刚写完，郭天锡又拿出一件东西，打开一看，是王羲之《思想帖》真迹。只见墨色沉厚，点画雄健恣肆，天真自然，一气呵成。众人一一细赏，闭目品味，感慨不已。赵孟頫提笔在卷后写道：

大德二年二月廿三日，霍肃清臣、周密公谨、郭天锡右之、张伯淳师道、廉希贡端甫、马昀德昌、乔箦成仲山、杨肯堂子构、李衍仲宾、王芝子庆、赵孟頫子昂、邓文原善之，集鲜于伯几池上。右之出右军《思想帖》真迹，有龙跳天门、虎卧凤阁之势，观者无不咨嗟叹赏，神物之难遇也。孟頫书。

第二天，赵孟頫画了一幅王羲之小像，以寄托自己的崇拜之情。王羲之长什么样子，赵孟頫当然不知道，只能靠想象来画。画的时候，赵孟頫把自己心目中的王羲之的样子尽情展现在了纸上，最后提笔写道：

　　大德二年二月二十四日作，晋王右军小像。松雪斋子昂。

　　画完之后，仔细看了看，比较满意，最后盖上"赵氏子昂""松雪斋""大雅""天水郡"等印。

# 提举江南

回到吴兴没几天，杭州又派人来催促，说朝廷让赵孟頫北上大都抄经，希望他尽快启程。

回想自己十几年来的仕宦生涯，赵孟頫百味杂陈，看到庭院里的青青翠竹，不禁心绪黯然，画了一幅《修竹图》。

过了几天，赵孟頫又画了一幅《陶靖节像》。他用了李公麟的笔法，把陶渊明画得简洁淳古，有萧然独立之姿，自己内心中的情感，早已尽见于纸上了。

四月初，赵孟頫北上大都，经过吴县，顺路去看望老友钱良右。钱良右非常高兴，茶罢酒歇，拿出了一卷东西请赵孟頫过目。打开一看，原来是王羲之的《七月帖》，纸色古朴，墨迹清晰。赵孟頫仔细品味着，似乎看到了王羲之奋笔书写的身影。联想起王羲之的身世经历，刹那间对王羲之书法的体会又深了一层。钱良右请赵孟頫作题跋，赵孟頫写道：

> 右将军王羲之，在晋以骨鲠称，激切恺直，不屑屑细行。议论人物，中其病常十之八九，与当道讽谏，无所畏避。发粟振饥，上疏争论，悉不阿党。凡所处分，轻重时宜，当为晋室第一流人品。奈何其名为能书所掩耶？书，心画也，百世之下，观其笔法正锋，腕力遒劲，即同其人品。所惜溺意东土，放情山水，功名事业，止是而已。抑以晋室之气数有在也？晋之政事无足言者，而右军之书千古不磨……

回到大都之后，从五月到七月，整整三个月时间，赵孟頫安心抄经，每天写几千字，速度之快、楷法之精，令所有人赞叹不已。

七月，大都的天气已经十分炎热，抄经完毕之后，元成宗命赵孟頫留在大都任翰林院修撰。想到安逸的江南，赵孟頫决定辞职，回江南去。他给元成宗写了一封奏折，说自己近来身体欠佳，请求回归江南，就近安置。奏折递出之后，就带着家小从大都返回了江南。

　　一年多以后，大德三年（1299）的八月，朝廷的任命才正式下来，任赵孟頫为集贤直学士，行浙江等处儒学提举。

　　儒学提举是一个比较清闲的职务，主要负责辖区各州府县县学的祭祀、教养、钱粮等事，也负责考核进呈给朝廷的各种著述和文字，是从五品，官阶不高也不低，俸禄足够养家糊口，因此赵孟頫欣然受命。因为官职清闲，赵孟頫也就有更多的时间投入于书画创作了。这些年，他的名望越来越高，带着钱和礼物上门来求书画的人数不胜数，有时候都应付不过来。

　　大德四年（1300）春天，赵孟頫对唐代绘画起了很大的兴趣，临摹了几幅唐代绘画，其中就包括唐人的《二戏马驹图》。在临摹过程中，赵孟頫用了很多李公麟的画法，既能得唐人之神，又有宋代大家的风采。没过几天，方回来看望赵孟頫，赵孟頫将这幅画拿给方回看，方回大加赞赏，觉得这幅作品既有米芾、李公麟的风格，又神似唐人，提起笔来，写了一首题画诗。诗中写道：

> 我尝远过燕山北，树木已无草一色。骐骥骅骝动万匹，互啮交蹄戏跳踯。谁欤画此双名驹，似斗非斗相嬉娱。唐人遗迹赵子昂，善书善画今代无。善书突过元章米，善画追还伯时李。先画后书此一纸，咫尺之间兼二美。元章、伯时两人合一人，愧我一诗难写两人真。

赵孟頫看了，哈哈大笑，说："方回兄，你把我捧得太高了，我哪里能够和米元章、李伯时相媲美？"

方回也笑了起来，说："那是你自己的感觉，我觉得你一点都不比他们两个差。"

大德五年（1301）正月，赵孟頫抽空将苏轼的前后《赤壁赋》又重新抄录了一遍。他已经记不清自己抄录过多少回了，每次抄录，都有新的体会。抄录结束之后，意犹未尽，又画了一张《苏东坡像》以为寄托。之后，只要公门无事，赵孟頫就在家中画画。到了三月，赵孟頫觉得自己的画艺有了很大进步。细想起来，是因为自己对绘画中的"古意"二字有了比较深刻的认识。他认为，画画一定要有古意。今天的人只知道用笔纤细，染色浓艳，做到这一点就觉得自己是能手，殊不知画画没有古意，百病横生，无法细细品赏。自己的画貌简淡率意，懂行的人都知道这样的画与古人比较接近，是好画。但这个道理，只能给内行人说。

其间，赵孟頫集中精力临写了数十遍王羲之的《兰亭序》，越写越熟练。每次写完之后，作品都会被朋友拿走，成为许多人学习书法的样本。

八月十五日，吃过早饭，赵孟頫想起高克恭早就请自己为他画一幅山水画，就坐在画案前，铺开一幅淡牙色的细绢画了起来。他长期追摹王维和董源，对山水画颇有心得。高克恭又是一位行家，正好借着这幅画将自己追摹王维、董源的心得展现出来。画中山峰用董源之法，设色则用王维之法，用

只要公门无事，赵孟頫就在家中画画。

了一个上午的时间，终于画完，然后题字："大德五年秋八月既望，子昂为房山道人画。"

此时，学生陈琳来拜望赵孟頫。陈琳，字仲美，钱塘人，先祖曾做过宋朝的画院待诏，世代都擅长绘画。陈琳拜赵孟頫为师以后，画艺大进，风格越来越雅秀。赵孟頫也非常喜欢这个学生，对他倾囊以授。

陈琳来到书房，见老师刚刚画好一幅山水画，画中山峦起伏，气势夺人。峰头用墨皴而染绿，浑然一气；峰下白云缭绕，山腰杂树成林，又有苍松秀出，别见风致。半山之中，山径曲折，平屋参差，山下芦苇丛生，全用夹叶勾勒，近处坡岸则杂缀野花。全画古厚浑茫，格高调雅，令人神往。

陈琳不禁大声说道："老师，您的画越来越好了。我最近一直在努力画画，想请您指点一下。"说着，打开带来的包裹，从里面拿出几张新画的画。陈琳说："遵从您的吩咐，我经常观察各种动物。最近天天观察在我家门前溪水里来回游荡的鸭子，所以对画鸭子有了一点感受。"说着，指着一幅《溪鸭图》，说："这幅画就是我对着鸭子画的。"

赵孟頫说:"古人讲写生,就是对着真物来画,仔细品味真物的鲜活生动。赵昌和徐熙之所以画得好,是因为他们对花卉、动物下了苦功。没有长时间的观察,是得不到这些花卉、动物的神韵的。"

"是,老师。"陈琳说,"我今天特别想请您画山水溪岸,我画鸭子,师徒合作画一张,不知道您以为如何?"

赵孟頫说:"好吧,今天别无他事,就画一张吧。"

陈琳非常高兴,铺好素绢,动笔先画了几只鸭子,或左或右,三五成群,自然生动。赵孟頫见陈琳画好了,提起笔来,开始画山水坡石和溪岸树木,不一会儿画好了,然后题字:"陈仲美戏作此,近世画人皆不及也。"

陈琳有点不好意思,说:"您才是人皆不及呢。"

过了几天,同在江南行省任职的蒙古人普花平章派人来请赵孟頫,说家里有一件刘松年的画作,请他过去看一下。赵孟頫过去一看,原来是刘松年的《便桥见虏图》,画的是唐朝初年突厥入侵,逼近长安,唐太宗率军抵御,在长安城北渭水的便桥之上脱去甲胄，喝退突厥的著名故事。这幅画作，赵孟頫曾经在京城临安的睦宗院见过，过了三十多年，当年的情景依然还在眼前。如今又见到这幅画，不由感慨万端，对普华平章说："刘松年是领一时风气的人物。您能得到这幅画，实在令人羡慕。我三十多年前曾经见过这幅画。"

普花平章吃了一惊："您三十多年前就见过？"

赵孟頫说："是啊，在临安城的睦宗院。当时我还不到二十岁，刚刚开始学画。见到这幅画，印象比较深。"

"那太好了。"普花平章说，"说明您与这幅画有莫大的缘分，更应该把这个缘分写出来了。"

赵孟頫不再推辞，提起笔来，在画卷的后边写了一段题跋：

突厥控弦百万，鸱张朔野，倾国入寇。当时非天可汗免胄一见，几败唐事。读史者至此，不觉肤粟毛竖，于以见太宗神武戡定之勋，蛮夷率服之义，千古之后，画史图之，凛凛生色。此卷为宋刘松年所作。便桥渭水，六龙千骑，俨然中华帝王之尊。虽胡骑充斥而俯伏道傍，又俨然詟服听从之态。山川烟树，种种精妙，非松年不能为也。孟頫少时，曾观于临安之睦宗院，兹复得瞻对于普花平章之宅。回首三十余年，感慨系之矣！敬题其后。大德五年秋日，吴兴赵孟頫书。

赵孟頫虽然在题跋中几次用到"蛮夷"和"胡"，有点冲撞元朝蒙古贵族的意思，普花平章倒也没有在意，只顾因为赵孟頫给他这幅画作题跋而高兴了。

大德六年（1302）三月，赵孟頫还做着江南儒学提举，比较闲适，心情也比较好，觉得自己这般逍遥自在的生活要是能够持续下去就好了。正好德清新修的房屋落成，书房还没有命名，就起名叫"逍遥斋"，还写了一篇《逍遥斋记》。赵孟頫写道：

此山此水，未尝一息不在吾心目也。噫！凡寓生大块，贵达穷处，悉皆消灭，亦奚苦劳其形神为哉！今年虽未衰，庶几斗健归休山中，有老稚田园之乐，琴书诗酒之娱，且当庚歌鼓腹，优游卒岁，以志吾志。故记其经始岁月云。大德六年三月，书于松雪斋，子昂。

这一年，最使赵孟頫伤心的，是好友鲜于枢去世了。

鲜于枢祖籍德兴府（今河北涿鹿），大都人，生于汴梁，寓居扬州和杭州。为人慷慨豪放，善诗，好书法，酒酣之后，吟诗作字，奇态横生。一生仕途不顺，三次弃官或遭贬。三十七岁后定居杭州，与赵孟頫往来密切。大德六年被授太常寺典簿，但未及到任，就在杭州去世。

大德十一年（1307）三月，大都传来消息，元成宗铁穆耳去世。一时之间，元朝中央政府陷入内乱。成宗无子，皇后卜鲁罕等人不喜欢成宗的两个侄子爱育黎拔力八达和海山，想把他们废掉，拥立海西王阿难答。夏天，爱育黎拔力八达在大都发动政变，除掉了卜鲁罕和阿难答。海山听说大都有乱，率军从漠北南下，进入大都。爱育黎拔力八达让出了皇位，让哥哥海山登基，是为元武宗。武宗为了感谢爱育黎拔力八达对自己的支持，做出了一个皇位兄终弟及的决定，将来让爱育黎拔力八达继位当皇帝。

大都虽然暂时混乱，但对赵孟頫在杭州的生活没有太大的影响。八月十三日这天，赵孟頫抽空画了一幅《游行仕女图》，画面之中，天然石山的旁边生长着一丛红蕉林，蕉叶润泽，自然生动。蕉叶之前，有游女三人，一人拈花正立，一人调弄鹦鹉，一人身着雪白衣衫立于左侧，几个人都广袖长裙，云鬟雾鬓，身形娟秀，令人赞叹。

虽然安宁适意，赵孟頫的心中依然时时涌上一丝苦痛。年底的时候，一位叫进之的朋友拿了一幅字过来，赵孟頫打开一看，原来是鲜于枢写的《千字文》遗卷。鲜于枢并没有写完，写到"多士实宁"，就没有再往下写了，估计是临时有事耽搁下来了，后来也没有再补写。来人说：

"先生，鲜于枢的《千字文》没有写完，我想请您补写，以成完璧。"

"伯几的字太好了。我要接着续写，恐怕是狗尾续貂啊！"赵孟頫说。

"您怎么能这么说呢？"进之说，"伯几是您的好朋友，这卷《千字文》如果您不补写，可能永远就是一个残卷了。"

想起好友鲜于枢去世已经五年，看着好友的手迹，赵孟頫心里十分难过，说："好吧，我来补写。"提起笔来，从"多士实宁"往下写："晋楚更霸，赵魏困横。假途灭虢，践土会盟。何遵约法，韩弊烦刑。起翦颇牧，用军最精……"

过了几天，赵孟頫想起鲜于枢的去世，心中依然感到难过。回想起与鲜于枢交往的几十年，一起讨论书法、品赏古玩、欣赏奇文、商讨疑问，经常促膝长谈，彻夜不眠，言语音容，至今犹在眼前。赵孟頫撰写了一篇《哀鲜于伯几》：

生别有再逢，死别终古隔。君死已五年，追痛犹一日。我生大江南，君长淮水北。忆昨闻令名，官舍始相识。我方二十余，君发黑如漆。契合无间言，一见同宿昔……

# 漂泊南北

　　元武宗至大二年（1309）七月，赵孟頫在江浙等处儒学提举的任期已满，接到朝廷新的任命，任他为中顺大夫、扬州路泰州尹兼劝农事。还没上任，皇太弟爱育黎拔力八达从大都派来的使者就到了杭州，宣布皇太弟的诏命，请赵孟頫到大都翰林院任职。

　　从大德三年至今，赵孟頫在江南已经十年。五十六岁的赵孟頫几乎忘记了自己的身份，感觉这辈子再也不用去大都面对那些蒙古贵族了。在江南，赵孟頫与蒙古官员和平相处，与汉族官员关系更加密切。要重回大都，还不知道会面临怎样的情景。

赵孟頫不甘心，开始故意拖延，迟迟不肯北上。

七月底，李倜临写了几幅王羲之书法，来找赵孟頫，请他指正。赵孟頫看了，觉得李倜临写得很好，能得王羲之书法的神韵。但更让他羡慕的是李倜的清闲，居然有空静下心来临写古人法帖，所以题道：

> 李公无帖不临，可谓好学也已。仆亦好书者，然无暇临古帖，但美士泓耳。子昂。

八月初四，赵孟頫画了一幅白描《王右军像》，以此表达对王羲之的敬意。八月十四日，用行书抄录了一遍苏轼的《前赤壁赋》。八月十五日，赵孟頫去看望郭天锡，在郭天锡的书斋"此静轩"中品茗，觉得非常惬意。郭天锡说：

"子昂，我这小轩虽然不大，但山石布置还有可观之处，正好可以画出来啊。"

赵孟頫想起皇太弟的诏命，更加羡慕郭天锡的清闲了，说："好啊，画出来也是一种清福。"说着，让郭天锡准备好笔墨和素绢，画了起来，不到两个时辰就画好了。然后在卷尾题了一首小诗：

卜居无喧寂，尚论心所宗。山林苟不静，亦与朝市同。闻君南窗下，寄傲乐无穷。曲肱有余趣，战胜纷华中。好风从何来？吹子庭前松。清琴时一弹，浊酒尊不空。颇恨道里赊，不得往相从。人事翔好乖，我心何时降。

郭天锡过来一看，只见画面用青绿设色，轮廓用淡墨勾勒而成，篆籀用笔，古质朴茂。云山烟水仿荆浩、关仝笔意，点苔皴石用用陆探微之法。轩窗之中，画一老者倚窗而坐，侧耳倾听，四周静谧安详。远处大江之中，两艘小船并行。再往右，则有密林丛生，林中一座高楼傍水而立，天上云卷云舒，一片空明悠远。不觉说道："好画！好画！"对赵孟頫更加钦佩了。

十二月十三日这天，赵孟頫又想起陶渊明来。在松雪斋中用行书抄录了一遍陶渊明的《归去来辞》，又画了一幅陶渊明像。画中的陶渊明曳杖而行，一个童子背着水壶，夹着书卷，跟在陶渊明后边，笔墨简练，人物生动。

过了至大二年（1309）春节，赵孟頫依然不愿意动身北上。正月十五这天，有朋友拿着一幅画来找他，打开一看，是李公麟临摹的王维《辋川图》卷。王维晚年隐居辋川，终日徜徉于山水之间，自得其乐，这段生活经历深受后人倾慕。赵孟頫看着李公麟的临摹作品，觉得王维原作极佳，李公麟临摹的也很好。赵孟頫记得这幅作品后边有苏轼、王侁的跋语，现在都已经被人裁去，不觉为之叹息扼腕，就在卷后写道：

李龙眠所临王摩诘《辋川图》，画法气韵，咄咄逼真，卷首有思陵所题，诚可宝也。但所藏不谨，想失去元祐间诸公跋语，深为惜哉！至大三年正月既望。赵孟頫敬题。

二月初，赵孟頫静下心来，用工整的楷书抄录了一遍《周易参同契》。除了精通佛学之外，赵孟頫对道教功法也颇有体会，因此抄录的时候心情十分放松。虽然好几天才抄完，但前后气韵连贯，像是一次性写完一般。笔法宽和流利，如轻裘缓带徜徉于春日之野，从始至终，几乎没有一丝败笔。赵孟頫书法的纯熟，此时达到了巅峰。

接下来，赵孟頫日日沉浸于绘画。四月初六，为朋友画了一幅《高士鼓琴图》。六月二十五日，画了一幅《夏木垂阴图》，又为友人吴彦良画了一幅《鸥波亭图》。《鸥波亭图》画面空阔，波平浪静，隔水有崇冈一座，冈上有三株茂树，枯藤萦绕，有亭翼然于画中。冈后林中，一隐士脱巾露髻，凭栏远眺。水边有一小舟，舟内有一红衣童子，扬竿垂钓。整个画面，远山近渚，烟水浩渺，引人遐想。

到了八月，赵孟頫实在无法拖延，动身北上了。

从杭州乘船沿大运河北上，一路走走停停，船行之中，赵孟頫也没有停止写字画画。九月十五日，画了一幅《双骏图》，还临写了一遍王羲之的《十七帖》。二十一日，画了一幅《番马图》。二十八日到济南，老友周驰听说赵孟頫经过，特地前来探望，请赵孟頫饮酒吃饭。吃完饭，赵孟頫将

船行之中，赵孟頫也没有停止写字画画。

自己在船上临摹的《十七帖》写了题跋，赠给周驰。济南人听说赵孟頫来了，纷纷跑来求字，拿来的纸绢堆成了一座小山，使赵孟頫应接不暇，头昏脑涨。赵孟頫赶紧找了个借口，解缆登船，溜之大吉。

在途中，赵孟頫为自己携带的定武本《兰亭序》作了几次题跋，将自己对于王羲之书法的理解全部写了出来。十月八日这天，船过邳州，他写道："清河舟中，河声如吼，终日屏息，非得此卷时时展玩，何以解日？盖日数十卷舒，所得为不少矣。"十月初一，在舟中为"独孤本"《兰亭序》作跋，二十四日又跋了一次。他写道：

　　昔人得古刻数行，专心而学之，便可名世。况《兰亭》是右军得意书，学之不已，何患不过人耶？

　　学书在玩味古人法帖，悉知其用笔之意，乃为有益。右军书《兰亭》，是已退笔，因其势而用之，无不如志，兹其所以神也。

　　书法以用笔为上，而结字亦须用工，盖结

字因时相传，用笔千古不易。右军字势，古法一变，其雄秀之气出于天然，故古今以为师法。齐梁间人，结字非不古，而乏俊气，此又存乎其人，然古法终不可失也。

虽然一路颠簸辛苦，但有夫人管道升一路陪伴照顾，赵孟頫也不觉得寂寞。十月底到达大都，暂时寓居在张氏家中。没几天，朝廷任命书下来，任赵孟頫为翰林侍读学士，知制诰同修国史。

知制诰同修国史的事务不多，除了按规定上朝办公，其余时间赵孟頫都在写字画画，用他自己的话说，是"日以绘事相订，信人间之至乐也"。

至大四年（1311）三月，元武宗去世，皇太弟爱育黎拔力八达登基，是为元仁宗。元仁宗非常喜欢招纳贤士，尤其是擅长书画的人。商琦、王振鹏、元明善和赵孟頫等人都围绕在仁宗身边，朝夕侍奉。商琦擅长山水画，笔墨精妙，仁宗十分喜爱。王振鹏擅长界画，运笔用墨，条分缕析，俯仰曲折，方圆平直，都能曲尽其妙，不为格法所拘束。王振鹏画过一幅《大明宫图》献给仁宗，妙绝一时。元明善则精研《春秋》，是当时著名学者。

仁宗对赵孟頫更是特别尊敬，经常称呼赵孟頫的字"子昂"，而不直呼其名。与臣子讨论朝中大臣时，夸赵孟頫操行纯正，博学多闻，书画绝伦，还精通佛学和老庄哲学，是他人无法企及的。

一些蒙古官员见仁宗如此喜欢赵孟頫，心中不服，一有机会就在仁宗面前说赵孟頫的坏话，仁宗听了，根本不予理睬。仁宗要赵孟頫兼修国史，有蒙古官员上书仁宗，说国史中所记载的事情，不宜让赵孟頫这样的宋朝皇室子孙看到，仁宗非常不高兴，说："赵子昂是世祖皇帝看中提拔的人才，朕也非常喜欢他，所以优礼相待，让他在馆阁之中负责述作，传之后世。你们这些人胡说些什么？"众人听了，才不敢多说了。又过了几天，仁宗专门下诏赐给赵孟頫钱钞五百锭，并对侍臣说："中书总是说国家用度不足，一定不愿意给，用普庆寺贮藏的钱钞赐给赵子昂吧。"

五月，为了表彰赵孟頫，元仁宗下诏升赵孟頫为集贤侍讲学士、中奉大夫，封管道升为吴兴郡夫人，夫妻二人极一时之荣。

冬天，大都寒冷异常。因为岁数大了，不适应大都的寒冷，赵孟頫有一个多月都没有上朝。仁宗感到奇怪，就问朝臣是怎么回事？朝臣说，赵孟頫年纪大了，畏惧寒冷，不敢出门。仁宗立刻赐给赵孟頫一套貂鼠皮大衣御寒。

新年，元仁宗正式改元，改年号为皇庆元年（1312），赵孟頫的父母亲也得到元仁宗加封的一些虚衔。

虽然元仁宗非常喜爱赵孟頫，但赵孟頫却对江南充满了留恋，一直想方设法回江南。此时，赵孟頫已年近六十，身体越来越差。四月份，天气渐渐炎热，赵孟頫借机给仁宗上了一道奏折，请假回吴兴为父亲的坟茔立碑。到了五月，仁宗下诏批准了赵孟頫的请假要求。

离开大都前，赵孟頫一直在家中深居简出，养护身体。一天，友人谭绍文来拜望赵孟頫，带来一幅李公麟画的《老子授经图》。赵孟頫打开一看，非常高兴，一时之间，竟然忘记了自己的疲劳，对谭绍文说："这幅画原来一直在宫里，是理宗皇帝当年最喜爱的东西之一，后来赐给了朱胜非，才流传到了民间，今天我居然看到了。"

谭绍文说："我花重金买的，李伯时的画实在太精妙了。"

"是啊，"赵孟頫说，"真是人间奇物。你看，老子据床而坐，安闲自得，眉目飞动如真人一般。还有这个关尹，肃容跪拜，一脸的恭敬谨慎，真是精彩啊！画面布置之妙还在其次，能在尺素之间将这样的场景和人物画出来，真是了不得。人物画从顾恺之、陆探微之后，虽然代不乏人，但还没有像李伯时这样的，堪称绝响。"

趁着赵孟頫高兴，谭绍文想请赵孟頫在这幅画的后边把老子的《道德经》抄录一遍，赵孟頫答应了。抄录完成的卷子共216行，每行用乌丝栏隔开，与绢本着色的《老子授经图》装裱在一起，珠联璧合。

七月底，赵孟頫与夫人回到吴兴，先去拜谒父母的坟墓。吴兴郡的地方官听说之后，也赶来拜谒，亲戚朋友和几百个吴兴乡亲也过来一起拜谒，非常热闹。回到吴兴虽然高兴，但各种杂事，尤其是赵家宗族里的事情却无法推脱，搞得赵孟頫心烦意乱。因为夫人管道升受了皇封，赵孟頫又给管家创设了"孝思道院"，用来祭祀管氏先人，还写了一篇《管公楼孝思道院记》。

一静下来，赵孟頫又开始画画了。十一月，画了一幅《秋郊饮马图》。画中秋林疏树，野水长堤，牧马人持竿驱赶着马匹到水边饮水；数匹壮硕的骏马或立于水中，或踏着岸边的沙地，相互嬉戏打闹，各具姿态，整幅作品笔意苍古，意态悠闲。

十二月，赵孟頫为父母坟茔立碑完成。夫人管道升在这个时期画了一幅《观音大士像》。各地来找赵孟頫书写碑刻的人络绎不绝，无法推辞。年底，赵孟頫夫妇返回杭州寓所。

皇庆二年（1313）春天，江南假期已满，赵孟頫夫妇返回大都。六月，仁宗升赵孟頫为翰林侍讲学士，知制诰同修国史。十一月转集贤侍读学士、正奉大夫。虽然官职在逐步升迁，赵孟頫却并不感到快乐。腊月来临，大都寒冷彻骨，赵孟頫更加怀念江南。管道升写了四首《渔父词》，表达对江南的怀念。词中说：

遥想山堂数树梅，凌寒玉蕊发南枝。山月照，晓风吹，只为清香苦欲归。

南望吴兴路四千，几时回去霅溪边。名与利，付之天，笑把渔竿上画船。

身在燕山近帝居，归心日夜忆东吴。斟美酒，鲙新鱼，除却清闲总不如。

人生贵极是王侯，浮利浮名不自由。争得似，一扁舟，弄月吟风归去休。

赵孟頫看了，也和了两首。其中一首说：

侬在东南震泽州，烟波日日钓鱼舟。山似翠，酒如油，醉眼看山百自由。

仁宗延祐元年（1314）至延祐五年（1318），赵孟頫一直在大都，职务清闲，名望也越来越高。他的书画作品人人喜爱，每天上门来求书画的人络绎不绝。所以，赵孟頫在这五年中创作了大量的书画作品。

元仁宗既喜爱佛教，也喜爱道教，著名道士吴全节就深得仁宗的信任。这一年，吴全节要告假还乡，庆祝父母八十寿辰，仁宗不但准假，还赐给吴全节衣物以送行。朝中大臣都向吴全节表示祝贺，赵孟頫也画了一幅《古木竹石图》作为贺礼。只见画面之中，双竹并立，枝叶交错，老木参植其间，苍然遒劲。笔法精妙，法度深稳。仁宗看了，非常欣赏，吴全节也非常激动。

赵孟頫的弟弟赵孟吁有一个儿子叫赵玠，喜欢作诗，好学上进，经常到赵孟頫家里玩。赵孟頫非常喜爱他，从自己的诗作中选了十五首律诗，抄写了一遍，送给赵玠，说：

"孩子，伯伯平生所写的律诗，遇到心情好，用意精，写出来的诗也比较好，自己觉得不亚于唐代诗人，所以选了十几首抄给你。你要好好学习，将来一定会有大成之日。"

"谢谢伯伯。"赵玠非常高兴，赶紧跪下来接着。回家之后，赵孟吁对赵玠说："孩子，你伯伯不但诗好，书法更好。你要好好珍藏，作为咱们的传家之宝啊！"

"父亲，我一定记得。"赵玠恭恭敬敬地说。

延祐三年（1316）秋天，仁宗升赵孟頫为翰林学士承旨、荣禄大夫、知制诰兼修国史，用一品例，推恩三代，夫人管道升赠魏国夫人。

延祐五年（1318）四月，元仁宗拿出了一幅宫中旧藏，是王羲之的《快雪时晴帖》。赵孟頫一看，非常激动。仁宗说："你一直追慕晋唐，这幅王羲之的《快雪时晴帖》，你好好品味一下，题写一段跋文吧。"

"谨遵圣命。"赵孟頫仔细欣赏之后，在卷后写了一段话：

> 东晋至今近千年，书迹传流至今者，绝不可得。《快雪时晴帖》，王羲之书，历代宝藏者也，刻本有之，今乃得见真迹，臣不胜欣幸之至！延祐五年四月二十一日，奉勅恭跋。

写完跋文，仁宗对赵孟頫说："子昂，皇后想请你做一件事情。她非常喜欢《耕织图》，想请你为《耕织图》撰写题诗，一共二十四首。"

"遵命。"赵孟頫说。二十四首诗很快就作好了，赵孟頫誊录一遍，进呈御览。

元仁宗一直非常喜爱赵孟頫，曾经对大臣们说：

> 文学之士，世所难得，如唐李太白、宋苏子瞻，姓名彰彰然，常在人耳目。今朕有赵子昂，与士人何异？

无论仁宗如何眷顾，赵孟頫的心中始终放不下江南。到延祐五年，赵孟頫已经六十五岁了，身体越来越弱。夫人管道升的身体更差，需要经常服药。夫妻俩早就想离开大都，却一直找不到机会，心情十分郁闷。冬天来临，大都寒风料峭，不期而至的大雪使大都变得冷寂。天气越来越冷，管道升的脚气病发作了，每日痛苦不堪。赵孟頫请大夫为夫人看病，效果不佳。上朝的时候，赵孟頫情绪不高。元仁宗问是怎么回事，赵孟頫如实禀告。

仁宗听了，说："爱卿为何不早说，朕派御医过去就是。"

第三天，御医来到赵孟頫家中，为管道升诊脉治病。吃了几服药后，管道升的病稍好了一些。

学生柳贯跟着赵孟頫学书法，经常与老师讨论书法问题。一天晚上，师徒二人又说起历代书法，赵孟頫为柳贯临写了颜真卿、柳公权、徐浩、李邕等唐代名家的作品，然后让柳贯将自己临写的作品覆盖在原迹上边进行对照。柳贯一看，不仅笔法相近，而且神韵风采，更有超过古人之处。柳贯非常吃惊，就问："老师，您是如何做到这样的？"

赵孟頫说："精熟而已。"

柳贯说："精熟二字，说起来容易，但要做到这一点，需要下多少功夫啊！"

朋友杨叔谦曾画过一幅《农桑图》，赵孟頫在画后题诗，进献给元仁宗，元仁宗非常喜欢。这天，杨叔谦来找赵孟頫，递上一幅画。赵孟頫一看，画上画的是自己的样子，就笑了，说："叔谦兄作画几十年，画到这种境界，非常不易，我得回报点什么给你。抄一篇文章给你吧，是我的《尚书集注序》。"

"好啊，"杨叔谦说，"您的这本大作我还没有读过呢。"

抄完之后，赵孟𫖯想起自己当年为了撰写《尚书集注》，呕心沥血，到了六十多岁还在修改。又想到自己数十年来研习书画的经历，觉得只有专心一意，持之以恒，才能有所成就，不禁有些感慨。在跋文中写道，自己从孩童到白首，专精于学书，每到得意之处，经常彻夜不眠。专精唯一，才是学习书法的正道，世界上能够做到这一点的人实在是太少了。

延祐六年（1319）正月，新春佳节来临，赵孟𫖯夫妇的思乡之情更甚了。正月初七这天是立春，赵孟𫖯和袁桷二人赋诗唱和，表达了希望早点返回家乡的心情与愿望。二月初七，又在咸宜坊的家中画了一张《陶靖节像》。之后上书仁宗，表达了自己的归乡之情。

北方的春天虽然来了，但管道升的病情却日益严重了。赵孟𫖯内心焦灼不安，再次给仁宗上书，请求归乡。到了四月，仁宗终于恩准，允许赵孟𫖯夫妇回归江南。

临行前，好友仇锷的儿子仇冶来找赵孟𫖯，拜托他为父亲书写墓志铭，说柳贯已经将文字写好。

赵孟頫不好推脱，就用楷书将柳贯撰写的《仇锷墓碑铭》抄录了一遍，交给仇冶。

四月二十五日，赵孟頫收拾好家当，带着病势沉重的管道升踏上了回乡之路。儿子赵雍紧紧随侍在父母的身边，成了夫妇唯一的安慰。

沿着大运河乘船南下，两岸桃红柳绿，一片明媚，赵孟頫却无心观赏。管道升的病情越来越严重，赵孟頫只盼着她能坚持住，早点回到吴兴家中，但终究未能如愿。五月初十，船过山东临清，管道升病逝，终年五十八岁。

看着夫人病逝，自己却回天无力，又想起几十年来夫人与自己同甘共苦，颠簸南北，任劳任怨，今日却漂泊在外，弃世而去，赵孟頫不由得放声痛哭。

从临清靠岸，赵孟頫强忍悲痛，为夫人买了棺木，和儿子赵雍一起扶着灵柩返回吴兴，择吉日安葬在德清县东衡山的祖坟之中。中峰禅师听说之后，给赵孟頫写来一封安慰的信，为管道升撰写了祭文，派人在管道升下葬这天到坟头焚香祭奠，以尽哀思。赵孟頫又为夫人撰写了一篇墓志铭，管道升数十年来跟随自己南北漂泊、夫唱妇随、温婉体贴的情景——涌上心头。

管道升的去世，彻底打乱了赵孟頫的生活，赵孟頫的身体迅速垮了下来，瘦弱不堪，连走路都成了问题。七月初，赵孟頫写信给朋友崔晋，痛陈心中的悲苦，他说：

> 孟頫去家八年，得旨暂还，何图酷祸！夫人奄弃，触热长途，护柩南归，哀痛之极，几欲无生！忧患之余，两目昏暗，寻丈间不辨人物。足胫瘦瘁，行步艰难，亦非久于人间者。

临了，希望朋友能来吴兴看看自己，以叙胸中悲苦之情。在写给袁伯长的信中，赵孟頫又倾诉了妻子去世之后家中的悲凉，说自己"终日茕然，独处一室，无复生意""自老妻之亡，家务尽废"。十二月底，元仁宗派使者到吴兴，召赵孟頫回大都，赵孟頫以身体有病为由推辞了。

延祐七年（1320）正月，元仁宗在大都去世，硕德八剌继位，是为元英宗。赵孟頫得到消息，想起仁宗对自己的关爱，心中又是一番莫名的苦痛。为了转移注意力，赵孟頫将更多的精力用到了书画上。正月，书写了《处州万象山崇福寺记》。二月，书写了《乾明广福禅寺重建观音殿记》，临写了二十二段王羲之法帖。三月，书写了《杭州福神观记》和易州《太常博士敬君碑铭》。四月，将自己以前所临摹的卢楞伽《罗汉像》拿出来，作了题跋。因为在大都生活了十几年，赵孟頫经常见到西域僧人，对画罗汉也有了不少心得。四月初九，袁桷来找赵孟頫，拿出自己收藏的王维《辋川图》，请赵孟頫写跋语。赵孟頫非常高兴，认为这幅画是王维传世作品中的第一等作品，加上题诗大有禅意，还有徽宗皇帝的题跋，堪称"三绝"。

虽然退隐家居，年老体弱，诸病交侵，眼目昏暗，药物不离左右，但来求书画的人依然踏破门槛，令人无计可施。应景之余，赵孟頫心中对爱妻充满了思念，总想为她做点什么。为此，赵孟頫用了很大精力，为妻子抄录了一遍《度人经》。

元英宗硕德八剌至治元年（1321），赵孟頫创作了不少优秀作品，绘画有《古木竹石图》

轴、《昭君出塞图》等，还为中峰禅师画了《墨竹图》。书法有《光福重建塔记》、《勉学赋》《平江路重修儒学记》等。此时的赵孟頫身体已经衰弱不堪，连新得的王献之《洛神赋》小楷，都几乎无力装裱。

至治二年（1322），身体极度虚弱的赵孟頫依然创作了不少作品。正月十七，重题了《秋兴诗卷》。二月，书写了三四通碑铭。三月三日，与友人一起欣赏了王献之的《舍内帖》。元英宗知道赵孟頫身体不好，专门派人从大都到吴兴来慰问赵孟頫，还带来了不少礼物，以示尊敬。四月，赵孟頫又画了一幅《双马图》，并题诗其上，还写了一卷草书《千字文》。五月，用小楷抄录了一遍《灵宝经》。

六月十六日，赵孟頫白天还在家中看书写字，谈笑如常。黄昏的时候，突然毫无征兆地去世了。

一位伟大的书画家，从此告别了世界。

# 佛教因缘

　　元朝是一个社会动荡的时代，也是一个佛教盛行的时代。社会苦难越是深重，人们越是想逃避现实，用宗教来麻痹自己。

　　赵孟頫的母亲是一个虔诚的佛教徒。赵孟頫从小就跟着母亲念佛，母亲经常诵读的佛经，赵孟頫几乎都能背下来。成年之后，经历了家国之变，苦难的现实使赵孟頫对佛教产生了浓厚的兴趣，希冀在佛法之中得到心灵的安慰。

　　北上大都之后，虽然元世祖忽必烈和元成宗铁穆耳对赵孟頫都很好，但蒙古贵族对他的猜忌与防范，常常使赵孟頫如芒在背，战战兢兢，如履薄冰。赵孟頫以宋朝宗室身份出仕元朝，受到江南士大夫的讥讽与鄙视，这也使得赵孟頫常常陷入内心的痛苦之中。而能够让他得到解脱的方法只有书画和佛法。因此，赵孟頫经常抄写佛经，从《金刚经》到《心经》《圆觉经》《无量寿经》，赵孟頫无所不抄。抄录佛经和绘制佛像成为赵孟頫日常生活的重要组成部分。赵孟頫一生抄录了许多佛经，有的流传到了今天，有的因战乱而失传，只留下了抄录的时间和佛经名称。在济南期间，赵孟頫曾应张九思之请而撰写《五台山文殊菩萨显应记》。四十五岁以后，赵孟頫用在抄录佛经的精力越来越多。大德元年（1297）夏天，赵孟頫曾发愿抄经，熏香沐浴，用坚实洁净的绵纸把《法华经》抄录了一遍。《法华经》全篇二十八品，共八万多字，赵孟頫只用了不到十天时间，用工整的小楷全部抄录完毕。全篇书法庄严整肃，纵横排宕，点画坚劲如曲铁，万字一律，显示出了极其深厚的书法功力。写好之后，装裱成册，派人送藏于金陵的奘公塔内，成为一代瑰宝。到了闰十二月，赵孟頫又把《法华经》抄录了一遍，奉施给无照大师持诵，这部《法华经》后来被乾隆皇帝得到，收藏在乾清宫。大德三年（1299）夏天，提举江南前夕，赵孟頫用缂丝抄录了一遍《般若波罗蜜多心经》。大德四年（1300）夏天，为密印寺力法师书写《头陀寺碑》。

大德五年（1301）三月，行书《中峰怀净土诗》，并刻成了碑。十月底，抄录了一遍《金刚经》。大德八年（1304）正月，抄录《常清静经》。三月，临摹了唐朝画家卢楞伽的《罗汉像》。大德九年（1305）冬天，仿钟繇笔法抄录了《高上大洞玉经》。

至于佛寺碑文，赵孟頫书写得更多。大德十一年（1307），赵孟頫写了《楝州三学资福寺藏经碑》。至大二年（1309）七月，写了著名的《湖州妙严寺碑记》。至大四年（1311）正月，用楷书抄录了一遍《金刚经》，用来纪念早逝的长子赵亮。七月，又抄录《金刚经》，还奉诏撰写了《大元大崇同寺佛性圆明大师演公塔铭》。皇庆元年（1312），先后写了《大元大普庆寺碑铭》《仰山栖隐寺满禅院道行碑》《护国寺崇教大师演公碑》《袁州大仰山重建太平兴国禅寺碑》《灵隐寺碑》

等。延祐元年（1314），写了《少林开山光宗正法大禅师裕公之碑》。延祐二年（1315），写了《昆山州重建海宁禅寺碑》《敕建大兴龙寺碑铭》。延祐三年（1316），写了《天目山大觉正等禅寺记》《大觉慈师胆巴碑》。

妻子管道升也同样虔敬。大德五年（1301）八月十五日，管道升在家藏的李公麟《十六罗汉渡海图》后书写了《普门品经》。大德十年（1306）三月清明节，管道升书写了《观音大士传》。过了几天，又写了《地藏庵观音菩萨传略》。

而最令后人赞颂的，是赵孟頫夫妇与中峰禅师的友谊。

赵孟頫与中峰禅师是什么时候认识的，今天已经不太清楚。但大德年间，两人之间的书信来往就比较多了。中峰禅师比赵孟頫小九岁，但其佛学修养深厚，名满江南，所以赵孟頫将中峰禅师当成了自己的精神导师。

大德四年（1300）夏天，中峰禅师从吴兴北上苏州，在苏州城的阊门外的山麓上小憩，见这里风景秀丽，十分喜爱，就问当地居民："这个地方叫

中峰禅师在苏州城的阊门外的山麓上小憩，与当地居民聊天。

什么名字？"居民回答说："这里叫雁荡。"禅师一听，非常高兴，说："永嘉境内有雁荡山，乃是诺矩罗法师建寺修行之地，这里的地名竟然与之相同，大概是因为这里也要兴建寺庙吧。"

中峰禅师想在阊门外的雁荡修建寺庙的消息一传出去，当地一个叫陆德润的富户就立即将自家的这块地捐了出去。地虽然有了，钱却还没有化缘回来，中峰禅师先搭了三间茅屋，暂时用来栖身，然后给赵孟頫写了一封信说明情况，并请赵孟頫为自己的这三间茅草庵题写"栖云"二字作为匾额。赵孟頫见了信，非常高兴，说："师傅好雅致！发如此宏愿，我当助成之。"立即给法师回了信，用心将"栖云"二字写好，托人给禅师带过去。

大德十一年（1307）三月二十二日，中峰禅师派人给赵孟頫送来了一篇新作《勉学赋》。中峰禅师在赋中主要讨论了佛学修养中"本具"与"参学"的关系，认为真参实学才是勘破生死、断去烦恼、跳出三界而致于光明的要途。赵孟頫读了之后，觉得禅师所言十分在理，因此认真抄录了一遍，并在后边写了一段话：

中峰大和上所作《勉学赋》，言言皆实，乃学人吃紧用力下工夫之法门也，岂止于老婆心切而已。学者于此玩诵而有得焉，于无奈处豁然开悟，则此赋亦为暗室之薪烛、迷途之向导矣。

文字不多，却写得劲健潇洒，笔势纵横，为少有的佳作。

延祐六年（1319）管道升去世后，赵孟頫经常给中峰禅师写信，述说自己心中的痛苦，并期待禅师以佛法为妻子超度。赵孟頫说：

孟頫得旨南还，何图病妻道卒，哀痛之极，不如无生！酷暑长途三千里，护柩来归，与死为邻。年过耳顺，罹此荼毒，唯吾师慈悲，必当哀悯。蒙遣以中致名香之奠，不胜感激！

赵孟頫希望中峰禅师能够来吴兴一趟，为故去的妻子做一场法事。但中峰禅师自己的身体也出了问题，不便行动。赵孟頫有些担心，过了两天，又给中峰禅师写了一封信。信中说：

> 孟頫自老妻之亡，伤悼痛切，如在醉梦，当是诸幻未离，理自应尔。虽畴昔蒙师教诲，到此亦打不过，盖是平生得老妻之助整卅年，一旦哭之，岂特失左右手而已耶！哀痛之极，如何可言！过蒙和上深念，远遣师德，赐以法语，又重以悼章，又加以祭文，亡者得此，固当超然于生死之途，决定无疑。

赵孟頫给中峰禅师的信中说，与妻子一起生活三十年，宛若梦幻一般，只是自己为钝根所障，终未能彻悟。为了超度亡妻，赵孟頫专门抄录了一遍《圆觉经》给中峰禅师送去，用来雕版付印。在第七封信中，赵孟頫悲伤地说，不知道与妻子是前世的什么因缘，今世与妻子结成三十年的夫妻。又不知因缘如何差别，妻子先自己而去，使自己凄凄惶惶，无所依靠。虽然妻子去世已经半年，但赵孟頫依然盼望着禅师能够到吴兴来。

中峰禅师收到书信后，回了一封书信，还给赵孟頫带了一些丹药，嘱咐他按时服用。赵孟頫非常感激，回信说自己对中峰禅师平日的教导、赐给的字，未尝顷刻忘记，坚持请中峰禅师过来主持法事。此时，中峰禅师的身体状况很差，无法出门远行，就给赵孟頫写了一封回信，为他按照佛教仪轨安排了法事的流程。

第二年的五月十日，管道升的忌日，中峰禅师安排的法事流程完成之后，赵孟頫给中峰禅师写了一封信，汇报了整个过程。

这些写给中峰禅师的书信保留到了今天，成为中国书法艺术的瑰宝。

# 一家皆善书

　　赵孟頫对于书法艺术有着超强的感受能力和表达能力，且一生勤奋，作品甚多。精美的书法成为元朝士人的楷模，引来无数的效仿者。除了极少数有个性的人，元朝几乎所有书家都深受赵孟頫的影响。甚至元代的雕版印书业也将赵孟頫的行楷书法引入雕版，形成了特殊的"赵体"图书。

　　赵孟頫的家人更是赵孟頫书画艺术的直接研习者和传承者。

　　管道升与赵孟頫一起生活三十年，书法和绘画都深受丈夫的影响。管道升擅长小楷和行书，流传至今的写给朋友的书札《秋深帖》，端庄华贵，飘逸潇洒，点画遒丽，自然天成，字里行间，都充溢着娟娟秀雅之气，用笔结体都与赵孟頫书法非常接近，更多了几分婉媚之气。她的书画，在当时也深受人们的喜爱，人们都争相购买，拿回家中作为学习的范本。

延祐六年（1319），夫人管道升去世后，赵孟頫在为管道升撰写的墓志铭中说：

> 心信佛法，手书《金刚经》至数十卷，以施名山名僧。天子命夫人书《千文》，敕玉工磨玉轴，送秘书监装池收藏。因又命余书六体为六卷，雍亦书一卷，且曰："令后世知我朝有善书妇人，且一家皆能书，亦奇事也。"又尝画墨竹及设色竹图以进，亦蒙圣奖，赐内府上尊酒。尝谒兴圣宫，皇太后命坐，赐食，恩意优渥。受知两宫，可谓荣矣。

可惜这些作品大多数都没有流传到今天。

赵孟頫一共有三个儿子。长子赵亮早夭。次子赵雍，字仲穆，很小就表现出极高的艺术天赋。因为父亲的关系，赵雍进入仕途后，曾当过昌国、海宁两个州（县）的知州，还当过正五品的集贤待制和从四品的同知湖州路总管府事。赵雍进入仕途不久，天下就开始动荡，农民起义风起云涌，元朝风雨飘摇。元顺帝至正十六年（1356），赵雍被任命为同知湖州路总管府事，但张士诚已经攻占了湖州，赵雍无法上任，进退两难，先在山东临淄附近停留了一段时间，后又迁居到沂水县北的槐树村隐居，还把自己名字中的"雍"字改为"用"字，直到去世，葬于沂水县城北小沂河北岸。

赵雍从小受到严格的文化教育，诗词创作有很高的水平，有《赵待制遗稿》流传于世。同时，赵雍还是赵孟頫书画艺术的继承者。几十年的刻苦练习，使赵雍的书法达到了很高的水平，楷书、行书、草书无一不精，篆书也有很高的水平，而且在艺术风格上与赵孟頫非常相似，一般人根本分辨不出来。所以，赵孟頫忙不过来的时候，就让赵雍替自己代笔。由赵雍代笔的书法作品，有一部分流传到了今天，这些作品有《暂自杭回帖》《与中峰和尚札》《惠翰帖》《怀净土诗六首》等。如果不是卷后的落款，人们很难分清楚到底是不是赵孟頫写的，从笔法到气韵，赵雍的书法都像是赵孟頫的翻版，只是由于天性有别，在鲜活灵动与体制变化方面比赵孟頫略逊一筹。

赵雍也非常喜欢绘画，也像赵孟頫一样，山水、人物、鞍马无一不精。他的山水画师法五代画家董源，沉厚高古，超越时人。赵雍流传到今天的山水画和花鸟画有《五王醉归图》《溪山渔隐图》《松溪钓艇图》《兰竹图》《饮中八仙图》等，其画法的精细与题材的宽广，甚至超过了赵孟頫。赵雍流传至今的人物绘画有《挟弹游骑图》，描绘工细，设色精丽，气韵静穆高古，令人回味。只是赵雍没有赵孟頫那样的影响力，因此无论是当时还是后世，赵雍的绘画都被视为赵孟頫的影子，被赵孟頫的影响所笼罩。

赵孟頫的三儿子叫赵奕，字仲光。与父亲、哥哥不同，赵奕一辈子没当过官，隐居在家乡湖州。赵奕的楷书、行书和草书都写得很好，在艺术风格上也和父亲赵孟頫非常接近。在元代大画家王冕的《墨梅图》后边，有赵奕书写的《梅花五十咏》长卷，诗歌清雅出尘，书法点画精雅，笔力遒劲，充满了赵孟頫的气息。赵孟頫行书《赤壁赋》卷的后边，也有一段赵奕的跋文，其行墨结字与赵孟頫略有不同。赵奕还有一卷《吴兴山水清远图记》，用行楷书写，非常精美。

赵孟頫的孙子辈，也同样继承了赵家擅长书画的家风。赵雍有两个儿子，长子赵凤，字允文，善画兰花和竹子，风格和父亲赵雍相近。赵雍忙不过来的时候，就用赵凤所画的兰竹题上自己的名字应对那些来家里索求字画的人。因此，赵凤在书画上的名声一直不大，很少人知道他能画画。

赵雍的次子赵麟，也非常擅长书画。赵麟，字彦征，曾做过国子监学生，后来元朝恢复科举，赵麟以会试第二名考中进士，曾做过承事郎，江浙中书省检校官，元朝灭亡后退居乡里。洪武元年（1368），朱元璋下诏召集天下贤良赴京师南京，赵麟也被征召。在朝堂上，朱元璋问他们，大明朝为什么能够得到天下，而元朝为什么会失去天下？众人都不知道该怎么回答。赵麟沉着应对，说："一位君主得天下，一位君主失去天下，从古至今都是如此。"朱元璋对赵麟的回答比较满意，就让他以监察御史的身份参与修订法律。后任莒州知州，死于任上。

赵麟是元朝杰出的书画家，绘画继承家学，善于画鞍马和人物，书法也非常精到，风格接近祖父赵孟頫。流传到今天的作品有《相马图》，中间画一颗老枯树，相马的伯乐坐在斜倒的树干上，端详着右下方一匹肥壮的骏马，人物和马都画得鲜活生动，非常精美，展现出很高的艺术水平。其他的绘画作品还有《洗马图》《渔父图》《出猎图》《番人引马图》等，都是元代绘画中的精品。写给朋友的书札《衡唐帖》，也表现出极高的书法水平。

继承赵孟頫绘画艺术，并获得巨大成就的是赵孟頫的外孙王蒙。

王蒙（1308—1385）字叔明，吴兴人，父亲王国器是赵孟頫的女婿。王蒙年轻的时候不愿意做官，一直隐居在杭州附近的山里，过着"卧青山，望白云"的生活。元朝末年，天下大乱，张士诚占据江苏和浙江西部，请王蒙出山，王蒙迫于压力，出来做了个小官。见张士诚成不了大事，弃官而去。为躲避战乱，隐居到杭州附近的临平黄鹤山，自号"黄鹤山樵"。1368年，朱元璋登基，建立明朝，明军很快就将蒙古人赶出长城之外。王蒙认为天下已定，再次出山，做了山东的泰安知州。洪武十八年（1385），被"胡惟庸案"牵连，死在狱中。

王蒙虽然是赵孟頫的外孙，但更多地受到舅舅赵雍等人的影响，从小继承赵氏家学，不但擅长山水，人物绘画也非常好。他在外祖父赵孟頫的基础上吸收五代和北宋画家董源、巨然等人的风格，画法细密，崇山峻岭，密密匝匝，气势逼人。尤其擅长以披麻皴、解索皴、牛毛皴和焦墨苔点等技法来表现山峦的苍茫沉郁，气势磅礴。王蒙传世的作品有《青卞隐居图》《春山读书图》《葛稚川移居图》《夏日山居图》《秋山草堂图》《湘江烟雨图》《层峦萧寺图》等，都是中国古代绘画史上的经典之作。王蒙的画风虽与赵孟頫不同，但深入骨髓的文人气质与高远出尘的精神气质却一脉相承，交相辉映。同时，王蒙的书法也非常出色，继承家风，能得外祖父赵孟頫书法的神韵，典雅流畅，十分精美。

赵孟頫的山水画对元代绘画产生了巨大影响，尤其是其用笔简淡的写意山水，一扫南宋院画的刻板风气，笔墨松活灵动，风致高远，开一代新风。在此基础上，倪瓒、黄公望、吴镇、王蒙、高克恭、李衎等人踵事增华，使元代绘画达到了中国古代文人绘画的巅峰。而成就最为卓越的是倪瓒、王蒙、黄公望和吴镇，他们四个人被后世称为"元四家"。

# 一代宗师

　　杰出的天赋与特殊的因缘，加上深厚的学养、无比的勤奋造就了赵孟頫，使他成为中国书画艺术的一代宗师。

　　由于出身皇族，赵孟頫从小就能接触到魏晋以来历代书画大家的作品，宋代高度重视书画的社会风气也为他提供了优越的成长条件。赵孟頫天赋极高，从小就能深刻理解历代书画的神韵风采与笔法技巧，"古雅"二字深深刻入了他的心灵。因为遍临历代经典，所以赵孟頫一生的书法风格也有比较大的变化。少年时代，赵孟頫非常喜欢宋高宗赵构的书法，努力学习，得其温雅从容之气。成年之后，他开始努力学习王羲之、王献之、虞世南、褚遂良和李邕等晋唐名家。用明代书法家文嘉的话说，赵孟𫖯对于古人的书法佳作"无不仿学"，因此能够吸收各家所长。他著名的小楷作品《汲黯传》，主要从欧阳询书法中汲取营养，又结合了王羲之的《乐毅论》《东方朔画赞》等笔法，用笔以方峻为主，运笔如飞，秀逸绝伦。他书写多遍的《洛神赋》，其用笔和结字都源自王羲之，从中能够看出《兰亭序》和僧怀仁集王羲之书《圣教序》对赵孟𫖯的影响。

元英宗至治二年（1322），年近七十岁的赵孟𫖯看到了自己四十年前抄录的杜甫《秋兴八首》，感慨万千，说"今人观之，未必以为吾书也"，现在的人见了，不会觉得这是他的作品，可见其书法风格变化之大。

而对赵孟𫖯书法影响最大的是王羲之。门阀士族出身的王羲之，书法雅健清丽，潇洒出尘，非常符合赵孟𫖯的心性。在唐代，虽然王羲之在唐太宗的褒扬下获得了至高无上的地位，但真正用功追摹王羲之的人却并不多。从流传到今天的唐代墓志铭来看，以王羲之、王献之为代表的东晋士族书法只是唐代书法洪流中的一小股力量。宋代以后，随着刻帖的风行，王羲之父子书法才更加普及，但全力以赴追摹王羲之的书法家却依然少见。到了元代，这种局面因为赵孟頫而有了很大的改变。

赵孟頫对元代书法最大的贡献是提出所谓"复古"。在关于书法的各种题跋中，赵孟頫反复强调王羲之书法的高妙不可及。年纪尚轻的赵孟頫，在至元年间得到《淳化阁帖》的时候，就珍爱备至，并在题跋中说王羲之"总百家之功，极众体之妙，传子献之，超轶特甚"，后人无法超越。评王羲之《七月帖》，说它"圆转如珠，瘦不露筋，肥不没骨，可云尽善尽美者矣！"一展开观赏，不知不觉就要正襟敛容，庄敬无比。在题王献之《保母碑》时，说世人如果想学书法，就不能不学王献之。晚年友人持王献之《洛神赋》十三行来求题跋，赵孟頫见后大喜，说此帖"字画神逸，墨采飞动"。又说自己曾反复观摩另一本唐代人临写的《洛神赋》十三行，上有宋徽宗玺印和柳公权题跋，同样精彩异常。在题跋唐代书法家陆柬之所写的《文赋》墨迹时，赵孟頫说从书法角度而论，陆柬之的水平并不在欧阳询、虞世南、褚遂良和薛稷等人之下。评价僧怀素的草书，说怀素书法之所以极妙，是因为他"虽率意癫逸，千变万化，终不离魏晋法度故也"。

在谈到欧阳询的时候，赵孟頫说欧阳询的书法"清劲秀健，古今一人"，这八个字的评价，没有深刻的体会是说不出来的。

赵孟頫曾为友人所藏王羲之作品作过多次题跋，而题跋次数最多的是定武本《兰亭序》。他认为，传世的《兰亭序》墨迹本虽然有多种，但最能体现王羲之笔意的却是定武本《兰亭序》拓本。至大三年（1310）秋天，赵孟頫从湖州乘船北上大都，路过吴兴南浔，独孤和尚送给他一卷有五个字损坏了的定武本《兰亭序》拓本，赵孟頫如获至宝，喜不自胜，一直随身携带，时时展玩品味，前后题跋了十三次之多。他认为，学习书法的重要方式是"玩味古人法帖，悉知其用笔之意"。他发现，王羲之书写《兰亭序》用的是使用了很长时间开始褪毛的毛笔，但在书写的时候，能够"因其势而用之，无不如志"，这是王羲之神奇的地方。通过对定武本《兰亭序》的体悟，赵孟頫认为"书法以用笔为上，而结字亦须用工。盖结字因时相传，用笔千古不易。"在赵孟頫看来，王羲之的书法艺术"古法一变，其雄秀之气，出于天然，故古今以为师法。"他特别强调，"右军人品甚高，故书入神品。"

至于绘画艺术，赵孟頫更是承前启后，影响数百年的伟大画家，工笔、写意、人物、鞍马、山水都达到了相当高的水平，成为后世追摹的典范。

和书法一样，赵孟頫提倡绘画中要有"古意"，说"作画贵有古意。若无古意，虽工无益。"如果没有古意，画得再谨细也没有多大价值。他曾经在题跋中说自己从小喜爱绘画，一有机会就动笔摹写，虽笔力不逮，而略有古意，以此自喜。

有一次，老朋友顾善夫拿了一幅上等素绢，请赵孟頫作画，赵孟頫回忆起自己在集贤院的时候，曾经见过王晋卿的《烟江叠嶂图》，上边还有苏轼等人的题句，秀雅可爱。同时还见到王维的《捕鱼雪溪》《仙庐秋林》等作品，觉得这些画作都"高古出尘，足为百代画家之祖"，因此就用王晋卿和王维等人的笔意创作了几幅作品，朋友们见了，都说他的画尽得唐人遗意。

赵孟頫对古代经典绘画用过苦功。元代初期，晋唐名作，尤其是宋代大家名作存世较多，赵孟頫有机会仔细观赏临摹。为官南北，赵孟頫不仅自己收藏了很多古代名迹，也有机会观赏朋友所收藏的古代名迹。赵孟頫还曾经题跋过大量的的历代名家作品，如顾恺之、曹不兴、张僧繇、展子虔、郑虔、李思训、王维、吴道子、韩滉、韩干、周文矩、郭忠恕、文与可、赵孟坚、宋徽宗、李公麟、李嵩、赵希逸、刘松年、赵鲁等人的作品，有些还曾反复临摹研究。比如南朝画家张僧繇的《翠嶂瑶林图》，赵孟頫在大都的时候只见过一次，放在家里欣赏了一个晚上，第二天就被主人取走了。但这一个晚上留下的印象却极其深刻，多年之后，赵孟頫还用自己体悟到的张僧繇笔法为朋友顾善夫画了一幅画，形似规模，相距不远。少年时期，赵孟頫曾在同宗的赵子固家见到顾恺之根据王羲之《兰亭序》的文字意境而绘制的《兰亭修褉图》。四十多年后，赵孟頫还能根据当年的印象，仿照着顾恺之的墨法，为顾善夫重新画出来。顾恺之还有一幅《瑶岛仙庐图》，是赵孟頫的好友袁桷所藏，赵孟頫曾经见过。二十多年后，危素拿了一卷上等的素绢请赵孟頫画画，赵孟頫根据二十多年前的印象画了出来，感觉还"颇有生色"。这几件事情，充分表现出赵孟頫优异的天赋。

而赵孟頫对后世影响最大的是他的山水绘画。

宋代是中国传统绘画获得极大发展的时代。相对安定、富足的社会环境，崇尚文艺的时代风气，皇家的提倡与文人的积极参与，共同促成了宋代绘画艺术的高度繁荣。宋代画家在继承前代的基础上将题材进一步拓展，除了传统的比较兴盛的佛道人物和山水之外，走兽、花卉、翎毛、墨竹等题材也得到拓展。隋唐以来，虽然广泛流行的青绿重彩仍旧盛行，但水墨山水渐渐成为绘画的主流。宫廷绘画也得到相当发展，并以工笔为主，造型精准，着色秾丽，格法严谨，华丽富贵。因为城市逐渐繁荣兴旺，市民阶层扩大，职业画家开始活跃于社会。更重要的是宋代文人士大夫对书画艺术的广泛热爱与积极参与，他们以深厚的文化修养极大地拓展了绘画的表现领域，开拓出山水竹石等文人题材，提高了画家的品位与格调，引领了绘画艺术的深入发展。但总体而言，宋代文人绘画的笔墨技巧偏于工细，虽然格高韵雅，精密不苟，却也在一定程度上拘束灵性，限制了绘画的发展空间。到南宋末年，长期的战乱动荡和经济凋敝，使传统宋代文人绘画和院体绘画逐渐走向衰落，绘画艺术亟须转型，而赵孟頫正是这种转型中的关键人物。

出身皇家的赵孟頫有着过人的艺术天赋，广泛的上层人脉与家藏使他能够遍观几乎所有的前代经典绘画，对中国历代绘画艺术的发展与变化了如指掌。过人的天赋与勤奋，使他能够深入临摹、研究这些前代经典，消化吸收。与同道的切磋也极大促进了赵孟頫对绘画艺术的理解与提高。正是在这些基础上，赵孟頫将工细精丽的宋代文人绘画转向简淡萧疏、抒发灵性、情趣盎然的元代文人绘画。他的《鹊华秋色图》《枯木竹石图》等作品笔精墨妙，鲜活生动，开启了中国传统文人绘画的新时代，极大地影响了高克恭、李衎等同时代画家，并为倪瓒、吴镇、黄公望和王蒙等画家所继承。他们像赵孟𫗧一样重笔墨，尚意趣，再结合诗文题跋，将中国传统文人绘画推向一个新的高峰。吴镇师法巨然，善用湿墨，笔墨浑圆，意象沉郁苍茫；倪瓒清高孤傲，洁身自好，笔墨清峭简拔，静穆萧疏；黄公望的山水峰峦浑厚，草木华滋，气清而质实；王蒙的山水郁然深秀，湿润华滋，意境幽深。没有赵孟𫗧对山水绘画笔墨意境的开拓，就不会有后来元代绘画艺术的发展。

因此，赵孟𫗧是影响中国书画数百年发展的一代宗师，直到今天依然影响着无数书画艺术爱好者。

# 赵孟頫
## 生平简表

● ◎ 宋理宗赵昀宝祐二年（1254）

赵孟頫出生。父赵与訔，母丘氏。

● ◎ 元世祖忽必烈至元十六年（1279）

张世杰、陆秀夫兵溃崖山，宋帝跳海而死，南宋灭亡。

● ◎ 至元二十四年（1287）

北上大都。任奉训大夫、兵部郎中，总管全国驿置费用事。
偕尚书刘宣巡行江南。

● ◎ 至元二十七年（1290）

迁集贤直学士、奉议大夫。

● ◎ 至元二十九年（1292）

出任同知济南路总管府事。

● ◎ 元成宗铁穆耳元贞元年（1295）

应成宗之召，赴大都修《世祖实录》。入史院，不久以病辞
归。冬，作《鹊华秋色图》。

● ◎ 大德三年（1299）

八月，任集贤直学士、行浙江等处儒学提举。

● ◎ 元武宗海山至大三年（1310）

应诏离江南赴大都，拜翰林侍读学士、知制诰、同修国史。

## ●◎至大四年（1311）

三月，元仁宗爱育黎拔力八达即位。五月，迁集贤侍讲学士、中奉大夫。夫人管道升封吴兴郡夫人。

## ●◎元仁宗爱育黎拔力八达皇庆二年（1313）

转集贤侍读学士、正奉大夫。

## ●◎延祐元年（1314）

冬十二月，升集贤学士、资德大夫。

## ●◎延祐三年（1316）

进翰林学士承旨、荣禄大夫、知制诰兼修国史。用一品例，推恩三代，夫人管道升赠魏国夫人。仁宗极宠赵孟頫，将其与李白和苏轼相比。

## ●◎延祐六年（1319）

四月，奉旨还家。二十五日离开大都。五月十日，夫人管道升病逝于临清舟中。

## ●◎延祐七年（1320）

正月，元仁宗去世，硕德八剌即位，是为元英宗。居吴兴。

## ●◎元英宗硕德八剌至治元年（1321）

居吴兴。元英宗命其书《孝经》。

## ●◎至治二年（1322）

居吴兴。英宗遣使问候，且赐礼物。六月十六日，观书作字，谈笑如常。至黄昏，病逝。九月，与夫人合葬于德清县千秋乡东衡山。

中华书局

初版责编　陈　虎